JN084727

Shinmai Sensho 信毎選書

「還《かえ》る家」はありますか

街角カウンセラーの子育て物語

富田富士也

Tomita Fujiya

はじめに

富田　富士也

親のない人はいない。

そして「親」がいて「子」としての「私」がいる。

さらに子は、この世のどこに生まれたいとか、勉強がどうかとか、性別は…といった願いや計らいを一切無視されて生まれてきている。

また生まれた以上は死ぬ日もくるんだよ、と親から相談された子もいない。まったく筋の通らない理不尽な話だがそれでも今日も生きている。子とは健気な存在である。

ただその親も「かつて」は子の身であった。親子関係とはそんな不条理を肯定、受容することから始まる。だから子は親に「生んだ責任をとれ」と迫ることもあるが、いつまでも言うことは賢くないと悟る。なぜなら親もまたその親に、子として言いたいこともあったと振り返れば思えてくるからだ。

このように考えてみれば自ら「問題のある子」として、親や先生、周りの人に迷惑や心配をかけようとして生まれてきた子もいなければ、「困った子」にしようと子育てしてきた親も先生もいるはずがないと分かる。

にもかかわらず、子育てや教育の場では悲しく切ない出来事や問題が途切れることなく続いている。どこでも起きているというわけでもないが、身近にある。

この親子関係に「卒業」はない。いずれかがこの世を去る日まで生身の関係は続く。だから子が年齢を重ねて成人、高齢になろうとも、起こるトラブルは親子の普遍的テーマを内包している。つまり一旦起これば、他人事ではなかったとその確執を思い知らされたりする。

心に余裕をなくしたこのとき親子、家族などの人間関係の絡み合った糸を解《ほぐ》す「手立て」はないか。それは向きあう相手の誕生に還って、弱音や愚痴も「よく踏ん張って今日まで生きてきた」とまず思い、いたわることである。そしてその幼心を「ただ聞く」。とりわけ親は誕生にあたって、自己責任を問われることのなかった子の歩みに思いをはせ、悪態であっても「ただ聞いて、ただうなずく」ことが肝要である。このとき、親の判断で見た目の「努力」を評価しないこと。一の努力も十の努力も努力には変わりないと心得ておくことである。これが無いようである子育ての羅針盤《コンパス》かもしれない。努力しているかどうかは本人でしか分からないことである。だから合理的、効率的聞き方を排してひとまずとりあえず、何をしたとかしないとかは脇に置いて、存在していることを丸ごと「そのまんまでいいんだよ」と絶対肯定することである。私はこの人間関係を「還《かえ》る家《いえ》」と呼んでいる。それは映画のスクリーンに映し出されている一つの場面のように心に宿る原風景である。だから「子育ての危機」は「還る家」の築かれるチャンスでもある。

すると人は今夜、明日の命さえ確約できない中で生きていることが互いに感じられ、健気ではかない存在であることに気づき、親子、家族関係は和解へと向かい、さらに未知なる人とのつながりの弾みとなる。人は「還る家」があるから人生という旅のつらさに耐えられるのだ。

人と人とが孤立することなく変化してつながっていくこの営みが、人間疎外の進むデジタル社会にあって、カウンセリング・マインドの学びにもなっている。

まずは自ら「対面し肉声で対話」する関係に踏み出し、相手の悲喜こもごもに共感する。この努力が、比較や評価のない等身大の自己肯定感を育てていく。だから、親子関係にかぎらずに人間関係の手立てとして、カウンセリングの日常・生活・庶民化が「けんかしても仲直りできる」経験の助けになれば—と「街角」に住むカウンセラーの私は願っている。

ところで私は20代前半の頃、出版関係に勤めながら、関心のあった登校拒否、情緒障害を考える教育市民活動サークル「まわりみちの会」の世話人をしていた。その過程で専門家のいない素人の勉強会に集ってきたのは、学齢期を過ぎても学校や職場といった「受け皿」の得られない「元登校拒否・高校中退者」の親子であった。ただ、子である少年や若者の多くは、自宅に閉じこもり家族以外の他人と接触がなく、医療の援助を受けている人もいた。そして出会った相談関係者の中にはこの状態を精神的な病、また「怠け」と言う人もいた。私は進路相談を話の糸口に、家庭訪問を重ねていくことになる。すると彼らが閉じこもる悩みは、進路というよりも「人とふれ合いたいのにふれ合えない」という育ちからくるコミュニケーションの「学習不足」「不全感」だった。つまり人間関係は当たり前に身につく時代から「学ぶ」時代に入っていたのだ。話は人生相談的になり、葛藤は深いものであった。

私はその葛藤に「同感（納得）」しつつ、カウンセリングで学ぶ「共感」に助けられて、10年後に相談を生業《なりわい》とする道を歩み始めた。そして私は人間関係の「学習」として親子相談、家庭訪問、フリースペース活動を進めるなかで彼等の「生活」や「暮らし方」に接するようになった。すると〝病〟として理解していくより「生活者」の面で対話する方が関係が楽になった。また医療の援助を必要としている人への「ボーダーライン」という言葉にも違和感を覚え、誰もが日常的に抱えているコミュニケーション不全を強調するようになった。そこで、1992年に彼らの呻吟する嘆きを『引きこもりからの旅立ち』（ハート出版）として著わし問題提起し、全国に巡回講演をすることになった。

1993年、その講演先の長野市で信濃毎日新聞社の教育担当記者から、新聞紙面上で教育コラム「コンパス」の連載を依頼された。以来27年間、約230回の連載を続けた。私の暮らしや子育てもひっくるめて、関係性を大切にしたカウンセリング活動をして三十数年になるが、信毎への執筆はそのたびに自己検証の場でもあった気がする。

本書は1993年12月20日から2020年9月9日までの連載から100回分を選び収録しているが、読み直し構成してみると私にとってはどの人たちとの出会いも心に宿る「物語」として現在進行形である。そして「還る家」が一貫したテーマであったと改めて思えてくる。

親も子もそれぞれ一人の人間としては実に健気でいじらしい存在であると相談活動から実感することが多い。だから面と向かっては対立しても、心の底では互いをいたわりあっていることをせめてこのコラムでは伝えたいと執筆してきた。関係が人を変えているわけで「犯人さがし」をしてはいけないと自戒を込めてのことである。

カウンセラーは気づきの援助者ともいわれているが、だれでも関係に少し立ち止まり、向きあいためらうならば、気づきと出会える。だから悩むことで見えなかったことが見え、その葛藤が人生を豊かにもしてくれる。どうせ生きるなら優しく生きたい。

私たちはいつの間にか生活の中にあって関係性、共感性、自己肯定感を見失ってはいないだろうか。それが人間疎外となり悲しい事故や事件をも生んでいる。するとすでに人間関係は意識して「つく（作・創）る」時代にあるのではないか。まず生身で人に声かけ、接して関係を取り戻し、善し悪しを越えて相手に共感することである。そしてそのやり取りが〝幻想〟ではない自己肯定の実感となる。それだけに自己肯定感を成果主義的な自己満足と混同していることには不安をもつ。あらためて日常にこの3つの心を育てていきたい。その手立ての一つがカウンセリング・マインドの学びであると思う。

傷つくリスクを背負ってこそ癒やされるチャンスと巡り合える。この人間関係を、教育、子育ての場で子どもたちに継承できるおとなでありたいと思っている。本書を通してこの思いを共有できたら幸いである。

目次

はじめに …… 2
切なくもいじらしい子どもたち …… 12
自分の命に終止符 …… 15
「おかえり」という言葉 …… 18
「無口」と言われる子 …… 21
父への判決文 …… 24
父と子の葛藤 …… 28
平和な家庭の孤独 …… 31
弱音や愚痴 言ってもいい …… 34
親の励ましが善意の押し付けに …… 36
つらさへの共感が生きる力に …… 39
依存と自立の兼ね合い …… 42
甘えるってどんなこと？ …… 45
髪ふり乱しているお母さんがきれい！ …… 49
ケンカする仲への羨望 …… 52
意地悪したくなる原因は …… 55
親子も「ライブ」で …… 58
カウンセリングの授業 …… 61
引きこもり続ける息子 …… 64
「ほとけさま」につぶやく子どもの独り言 …… 67
思いやりの食い違い …… 70
お寺の若奥さまの悩み …… 73
成人式の約束 …… 76
「ごめんね」が言えない …… 79

病気の「克服」から肯定へ……82
子が「なつかない」と悩む父……85
「いい子」の葛藤……88
問題解決の主役は……91
自分の道を探す孫を応援……93
「サイン」に込めた子の思い……96
同居の義姉とのあつれき……99
姿を消した父親……102
泣き虫と強がり……105
受験生の心の不安……108
優しくされると怖い……110
親子に「卒業」なし……114
親子の「誤解」を解くには……117
見失った素の自分……119
「生きる意味」頭でっかちでは……123
潔癖症の息子……126
命日を意識して……129
かかわりに成果を求める教諭……132
子の存在を「治療」?……135
過ちを繰り返し犯す息子……137
本当の自分が出せなくて……140
「けんかして仲直り」の関係を……142
口にする「自死」と「殺意」……145
「強がり」をしかる教師……148
元生徒の死を悔いる教師……151
気まぐれな個人主義……153
両親のもめごと……156
「正義」の押しつけ……159
「命」を語っていますか……161
別れ際の親子関係……164

親子ときょうだい　温度差は …………… 166
悩みは解決しないが解消される ………… 169
親子関係が泥沼にはまったら ………… 172
ぞっとする表現の背景 ……………… 174
「育て上げ」とは ………………… 177
子育てに手遅れはない ……………… 179
被害者への心の援助 ……………… 182
親に似てきた私 ………………… 184
「へそ曲がり」の真意 ……………… 186
成果主義に陥る子育て ……………… 190
親になってもほめてほしい ………… 193
現代の「すねかじり」 ……………… 195
易きにつく予断と偏見 ……………… 197
閉じ込められた孫の救助 …………… 199
母のみ一人占めしたい ……………… 201
子ども「報われなさ」を癒やす ……… 203
性的少数者の生きづらさ …………… 206
血縁より「結縁」 ………………… 208
中高年の引きこもり ……………… 210
カウンセリングへの抵抗 …………… 212
親がしてくれた無償の手間 ………… 214
子どもを傷つける親の一言 ………… 217
家族関係に疲れたら ……………… 219
関係を深める対話 ………………… 221
父の日を前に …………………… 223
「好きなことを仕事に」という考え … 225
面前ＤＶによる心理的虐待 ………… 228
スマホ時代の子育て ……………… 230
不登校の原因探し ………………… 232
思春期の自慰行為 ………………… 234

子どもにとって父とは母とは……236
「共感」力を失う「暮らしの私事化」……239
叱られたことを思い出す墓参り……242
つながりの確認……244
価値観で特別扱いせずに……246
「魔の10連休」保護者はぐったり……249
保育者と保護者……251
言葉にならない中を生きて……253
不安や混乱を静めるには……255
「両立」のプレッシャー……257
異父との暮らし……259
介護士の悩み「寄り添うケア」とは……261
新型コロナ「排除」に流れていませんか……263
コロナ禍の外出自粛……266
「不要不急」が気づかせてくれたこと……268
人格否定につながる言動……270
人間の弱さに理解を……272
あとがき……275

本書は、信濃毎日新聞朝刊の教育欄で連載しているリレーコラム「コンパス」のうち、著者執筆分（1993年12月～2020年9月）から100本を選び出し、加筆修正したものです。本文中に登場する人物の肩書き、所属・年齢等や出来事は、原則として紙面掲載当時のままとしました。

切なくもいじらしい子どもたち

親の人生も選べない

呻吟《しんぎん》する子どもや親と出会うとき、そこには必ず唯一無二のその家族固有の人間模様がある。

秋の深まりを感じる季節になると、相談活動を生活の柱として始めたころに出会った少女の切なくも力強い一歩を想い出す。

高1のA子さんが中1の妹の登校拒否を心配し、祖母と一緒に相談に来てくれたのは柿の実が色づき始めたころだった。

3年前、「無口だが優しかった」父親はがんであっけなく亡くなった。21歳で旧家に嫁いだ母親は「しきたりもあって結婚し、自分を押し殺した味気無い生活」を、子どもを頼りに暮らしていたようである。

夫の死後、40歳を前にしての「自分さがし」は不安ばかりだったにちがいない。次第に1日通しての「畑仕事」の毎日はつかみどころのない思いを募らせていったことだろう。いつとはなしに母親の、告げぬ外出が増えていったという。

中3の冬、A子さんは郊外の喫茶店で母親に似た女性が、父親と同年配の男性と楽しげに話している姿を偶然見かけてしまった。「あかぬけしたきれいな女性だった。もしかしたら…」。振り返って確かめることは恐くてできなかったようだ。そして自宅で迎えた母親は「やっぱりきれいな人」だった。

事態を察した姑《しゅうとめ》は押し黙る嫁を叱責《しっせき》した。A子さんは妹にこの事情を気づかれないように、明るく振る舞った。A子さんはこの葛藤からいきなり「おとな」になることを求められたようなものである。だが母と娘の確執は妹の登校拒否で表面化していった。

度重なる私との相談から数週間後、おのおの個別面接していた娘と母親は対面した。妹は姉の指示で席を外した。母親は家を出て、母と娘たちでアパート生活することを願った。「ウソ、いい加減にしてよ。私、知らない」というA子さんのあえぎを母親は涙をこらえて振り切った。

「もうこんな思いは2度と嫌だから、お母さん、幸せになってね。私、おばあちゃんが心配だから妹と看病する」。A子さんは母親の返事を待たず、隣室で待っていた妹に声をかけ、席を立った。

姉妹は呼び止める母親の声に振り向くこともなく、冬の訪れを知らせるように木枯らしの吹く相談室のある街を、肩寄せ去っていった。

子どもや若者の居場所としてのフリースペースも併設されていた相談室の玄関先で、ひとり、たたずむ母親に掛ける言葉が私には浮かんでこなかった。

過ぎて思いつく言葉はある。しかしそこに切なさや踏ん張りを感じるとただ黙ってうなずくことしかできない。それも「共感」ではないだろうか。

子の人生を親が選べないように、親の人生も子どもは選べないのか。つらい現実をそのまま引き受けなければならない家族一人ひとり。にっちもさっちもいかない状態から一歩踏み出すには何か大切なものを一つ捨てなければならないときもある。この危機を乗り越える関係がいずれ形を変えて「還る家」となることもあるのだ。

自分の命に終止符

「死にたい」と言える環境を

前途ある子どもや若者たちが絶望のふちをさまよいながら、自らの命に終止符を打っていく。なんと悲しく、切ないことだろうか。

「死にたい、死にたいと言う人に死んだ人はいない」と言われる。だが、本当にそうだろうか。私はそう思わない。「死にたい」というつぶやきは、「お願いだから、こっちを向いて。この気持ちを分かって」というメッセージではないだろうか。

ある若者が、一片のメモを残して浄土へ還った。

「私は親に何かをしてほしいと思ったことは一度もなかった。ただ傍らにいてほしかった。私は親に納得してほしいと思ったことは一度としてなかった。ただ、理解しようと努めてくれる姿が見たかった。そして、こんな私にも関心を寄せてほしかった」

すべては、ここに言い尽くされている。混乱した気持ちに一緒に付き合ってくれる人がいれば、「死にたい」という言葉は愚痴や弱音で済む。だが、それを「口癖だから」と片付けられてしまい、孤独に耐えかねて人生にピリオドを打つ子どもや若者が少なくない。

A子さんは小学校に入学したころ、「あなたは肥満児だから」と悪気は無いとはいえ近所のおばさんから言われおやつをもらえなかった。こんな体験が積み重なると、友だちをとても意識し、他の面でも比較しては自信をなくし1人でいることを好むようになる。ただこの悩みを口にすることはなかった。それだけに母親は「マイペースな子」と思っていたようだ。悩みは深まった。

親の気持ちとしては子どものことをあまり心配しすぎるとかえって本人の負担となってしまうのではないか、という不安もある。だからあえて子どもの生活ぶりにふれない気づかいもある。「マイペース」と思うことで母親も恐る恐るだが安心できた。

学年が進んでも、周りの子どもたちにからかわれたり、いじめられた。A子さんは勉強でつらさを跳ね返そうと努め、よく母親が口にしている「私、気にしていないもん」という言い方と振る舞いで笑い飛ばしていた。中学生になりバスケットボール部の顧問の教師からも軽い調子で「しりが大きい」「足が太い」と言われたりしたが、彼女は母親の〝処世術〟を守り悩みを乗り切ろうとした。

「怒っても、『冗談の分からないやつ』と思われるだけ。だから表面では、傷ついていないふりをして、精いっぱいの笑みを浮かべてた。でも、心の中はそんなわけにはいかなかった」

このころから「死にたい」がA子さんの口癖になった。ただ気にかけているようには見えない言い方に両親は次第に付き合いきれなくなった。「死ぬなんて、そんなことは言うな」。父親の一言で、A子さんの口癖もなくなり両親の戸惑いは収まっていった。親には子どもの「なにげない」〝口癖〟を大事にして悩みを深くしたくない、という心の働きがあったようだ。

中学1年の秋。球技大会のバスケットボールで、A子さんのフリースローが入れば同点というチャンスが巡ってきた。だが、精神統一をしようとしたA子さんに突然襲いかかったのは、体形に対するチームメイトからの差別的コールだった。動揺した彼女はフリースローを外し、試合は負けた。

「もっと耐えなければいけないのも分かってる。でももう何も感じたくないんです」。彼女はそう書き残し、手首にカッターナイフを当てた。でも思いとどまった。これまで親が自分のことで混乱していたことを思い出せたからである。だから私もA子さんと出会えた。

「死にたい」と口に出せる環境をつくらなければ、子どもたちの命を救うことはできない。そのためには親が日ごろから悲愴感なく弱音や愚痴を子どもの前で口にすることが大切だと私は思っている。特にデリケートな子に親の強がりはまぶしい。

「おかえり」という言葉

安心につながる一言

同居して喜寿を迎えていた実母が、深夜に呼吸困難を訴えることがあった。それまで、気丈な母には「死」など全く無縁に思えていたが、先への不安なのか、母の身も心もすくんで見えた。私は宿泊を伴う出張を、体力的にはきつかったが、できるだけ日帰りにした。

そんなある日の深夜。帰宅した私に、母がわが身の苦しさをおしてささやいた。「おかえり。おまえ、体は大丈夫か」。そんな母の姿を見て、私はあることに気づかされた。私はもう何年も、「ただいま」とは言っても、「おかえり」と言ったことがなかった。いつも待たせる身で、家族の帰りを待つ自分の姿を思い浮かべることができなかった。

「旅先でどんなことがあっても、ここがおまえの〝還る〟ところだよ」というメッセージが、母の「おかえり」という言葉には込められている。同じように、子どもたちにとっても、日常的な何気ない親の一言が、安心感と信頼感につながっていくのだと思った。例えば、何かに夢中になっている子どもが、親にすれば何でもないように見えても、子どもはそのことで、不安な気持ちを消そうと必死だったりする。

中3のA子さんは、「姉に比べ、すべてにおいて主役になれない」小学生時代を過ごした。だが、中学校でバドミントン部に入り、彼女は変わった。中2でレギュラーになると、台所に立つ母親の前で素振りを披露した。ところが、中3になると部活の顧問が代わり、戦法も変わった。そして、2年生がレギュラーに抜擢され、A子さんは外された。

A子さんは、報われない気持ちを勉強に向けた。が、バドミントンのようにすぐには成果が上がらなかった。「努力してもできないことがある」とA子さんは知った。傍らで勉強を見ていた母親に「なぜ分かんないの？」と言われたとき、「分からないものは分からないと大声で言い返したかった」と彼女は言う。「分からない」ときはその「分からないところ」も「分からない」ものだ。

そして夏休みが始まって数日後、県大会を前にしたバドミントン部の強化合宿に、参加の声は掛からなかった。毎朝、A子さんの「行ってきます」の声を目覚まし替わりにしていた父親は、夏休みになってから、朝、彼女の顔を見ることもなくなった。父親は苛立ち、彼女を一喝した。「いつまで腐ってるんだ。朝食ぐらい一緒に起きて食べなさい」。

A子さんはこらえきれずに言い返した。「父親に『いってらっしゃい』も『おかえり』も言われたことのない娘の気持ちが分かってんの。きっと心配もしてくれないだろうから、家出もできない私の気持ちが分かるの」。父親は返す言葉を失った。翌朝、父親は彼女の部屋の前に立ち、「おはよう」と勇気を出して声を掛けた。

夕暮れの出張先。私は母に帰宅の電話を入れる。「なるべく早く帰るから」「待ってるよ」。電話の向こうの母の一言に、妻や子どもたちの顔が浮かんでくる。

出掛ける身にとって「行ってらっしゃい」が安心のメッセージなら「おかえり」「待ってるよ」は必要というメッセージである。講演先でこの話をしたら、その土地では待つ身の家族は出掛ける家族に対して「行っておかえり」と言っているそうだ。本当に還る家があるから人は旅に立てるのだ。

「無口」と言われる子

話したくなる聞き方を

生まれもって心を閉ざした無口な子はいない、と私は相談活動を通じて感じている。大人もそうだが子どもたちがそうなってしまうのは、誰からも存在を肯定（傾聴）されることなく、悔しい思いだけを重ねる生い立ちで歩んできたからである。

高1で中退し、「もう3年もブラブラ過ごしている」というA君の母親は、先の電話で、別の相談機関への不満をまくし立てたのとは全く別人のようなおとなしい表情で、相談室を訪れた。こわばった表情から、かなり緊張感が強いことが感じ取れる。感情を押し込めている様子もうかがえた。

張り詰めた空気を変えるためにユーモアを交えて、私はこう切り出した。「失礼な言い方をしますが、だいぶ緊張していますね。私では話しにくいですか」。ときに謙虚に正直に小心な気持ちを甘えて吐露することは、不安な思いを抱いている人に安心感を与える。聞き手が自ら「私はあなたが必要です」と宣言したと話し手が思えるからである。頼る方が頼られていると思うことで心に話すゆとりが生まれる。

「電話では恥ずかしいことを言ってしまって…。すぐ私混乱してしまうんです」。そう言って、母親はあふれる思いを話し始めた。絡まった心の糸は絡まったままで出すことが許されなければ、自らを振り返る余裕など生まれない。だから、混乱していて当たり前なのだ。

そもそも混乱しないでいられるなら、相談室を訪れる必要はない。話の脈絡を考えず、安心してありのままの心模様を語るから、主訴が何か容易には分からない。だが、それを察するのが「傾聴」する私の仕事であり関係の築き方である。だから記録を取るような聞き方に慣れていくと「傾聴」する感性が細る気がする。

これまでいかに多くの子どもや親が相談員の尋問的な聞き方に傷ついてきたことだろう。「つまり君は何を言いたいんだ」「もう少し私に分かるように言ってくれませんか」「人に話す時は筋道を立てて話してごらん」…

「『安心して本当のことを言ってください』と言われたから、信用して話したのに、最後まで口を挟まないで聞いてほしかった。そんな言い方をされたら、話すのが不安になります」。口が重いと言われているある少女のつぶやきを思い出す。

さてA君の母親は情けないといった顔付きで、「うちの子は何も話さないんです。中学生くらいから無口になって。少しは悩んでいるんでしょうか」と話して帰った。

その後、相談室に来て不思議なほど話し尽くしてくれるようになったA君に私は尋ねた。「両親にも無口な君がどうしてこんなに話してくれたんだい」と。A君は答えた。「僕、本当はおしゃべりなのに、親は僕が話したくなくなるような否定的な聞き方ばかりするんです。理解しようとしてくれない人には話しても無駄です」

親から逃げ場をなくした子どもたちが「話したくなる聞き方」をしてくれる大人が、せめて学校に一人でもいてほしいと思う。「還る家」が生まれる関係は親子だけではない。

親だから子の前途を心配し詰問的になることがある。そんなときは親以外の人が関係にゆとりをもって聞く役割を担うことが大切である。親だからできること、他人にはできないことがある。一方で親にはできないが他人だからこそできることがあるものだ。

父への判決文

「共依存」からの脱出

「被害者から一時離れることによって被害者の暴力の苦しみから逃れることも可能であり、そうするべきであったということができる」。だが、「一般通常人が同様の立場に置かれたならば同様の行動を選択することもあり得るものである」

被害者である中学3年の長男の家庭内暴力に耐えかね、金属バットで殺害した被告、父親に懲役3年の実刑判決が4月（1998年）、東京地裁で言い渡された。それは一見、事実認定のみに費やされた物足りなさを感じる判決文にみえるかもしれない。だが、私の胸にはざわめき揺れる裁判長の心が伝わってきて、そこに人の子の慈愛を感じたものだ。

それゆえか一読直後、私の脳裏にはそれまでの間に家庭訪問や相談室で出会った多くのさまよう親子の依存しあう姿が浮かんでは消えたりした。

わがままとは思いながらも、生み育てた親にしか将来への不安を預けられない身となった京都の青年。ささいな感情の行き違いが、「見捨てられ感」となった彼は家庭内暴力で、両親の逃げない愛情を確認するしかなかった。そして高校中退の6年後、自死を選んだ。

母親たちの強い要望にこたえようと主催したグループカウンセリング「父親ミーティング」。月2回の会合に約2年間通ったある父親は、やはり高校を中退し、昼夜逆転の生活をしていた息子の昼食を出勤前に悔し涙で作り始めた。数年後、初老の父親は「胃袋でつながった」と相談室で号泣した。

母一人、子一人で育った少年は、中学3年間を、いわゆる問題行動で過ごした。するとまじめ一筋だった母親も茶髪の彼と同じように毛染めして〝親子の絆〟を覚悟した。そのころから少年の赤ちゃん返りが始まったが、「共依存」にならないようにと互いに離れて暮らす工夫をした。「ぼつぼつ年貢の納めどきだな」と私が道ばたで会った彼に言う。「いうよね、富田さん」と苦笑いする彼。いずれ工場の寮に入るという。そして母親の再婚話を喜び話してくれた。

親と子は自分の依存を「相手のため」と思い違いをして共倒れすることがある。互いを「支配」しないためにも物理的に距離をおくことは大切である。

人はそれぞれ、時と空間と人とのめぐり合わせ、組み合わせのなかで努力して、報われないときもあれば、また形を変えて報われるときもある。だから絶望してはいけないし、うぬぼれてもいけない。

そして、誰かに「ふがいない自分」の話を「ただ、聞いてもらえること」で「還る家」としての肯定（存在しているだけで尊い）感を獲得できるのではないだろうか。

「暴力を拒絶することは子どもを拒絶することになる。抵抗してはいけない」被告の父親が確信した〝対応マニュアル〟だった。この一節が「暴力を拒絶しても子どもの気持ちと向き合う努力を拒否しなければ逃避にはならない」と置き換えられていたら、悲劇の結果はどうなっていただろうか。

親は子どもとの関係のなかでその存在を肯定することができなくなり、将来の恐れやふびんさも手伝って無理心中を選んでしまうこともある。しかし親子でも人格は別だということを「共依存」の学びとしてあらためて確認したい。

裁判長は量刑理由のなかで、人は最も信頼を寄せる人に攻撃してしまうこと、さらにだれにも否定される前に悔しさを語る「弁明の機会」が与えられていることをさりげなくふれていた。〝命ごい〟することなく語り尽くした父親が生涯で初めて弱音をはけた場が法廷であったことを裁判長は熟知していたと私は判決文の行間から思うことだった。

※金属バット長男殺人事件

1996年11月6日、元団体職員の父親（当時53歳）が、中学3年生の長男（当時14歳）の家庭内暴力に悩み、就寝中に金属バットで殴り、縄で首を絞めて殺害した事件。両親は、長男が中学1年ころから殴るけるの暴行を受け、買い物やテレビ番組の録画などを命令されていた。父親は暴力に抵抗せず、カウンセリングを受けるなどして対応したが、暴力はやまなかった。妻と長女が耐え切れずに家を出た後も、父親は長男と2人で暮らし、暴力を受け続けていた。事件後に自首。東京地裁は殺人罪としては最も軽い懲役3年の判決を言い渡した。裁判長は「犯行に至った経緯及び動機には同情するべきものがある」が、「なお悲惨な結末を回避するために努力する余地はあった」とした。

父と子の葛藤

互いに求める「YES」

父との間には、物事の見方に、お互い相いれない大きな隔たりがあります。そこをなんとか近づけないものかと、父のことも理解したいし、私のことも分かってくださいと心の中で叫んでいたころもありました—。

西の地に住み、4人の子どもの子育てに真っ最中の見知らぬお母さんから手紙をいただいたことがあった。そのとき、この一文にふれ、私は既に浄土に還った私の父との長い葛藤を思い返さないわけにはいかなかった。

「先生の著書『お父さん、わかってよ』をいろいろな思いを感じつつ読ませていただきました。私の弟は2年前、空がようやく秋らしくなりかけたころのある日、10年近く自分の世界に引きこもり続けた生活に、自ら決着をつけました。私の知っている彼は、今も寂しい顔の25歳のままです」

「泣きながら遺骨を拾う両親の姿を見たとき、『これは地獄だ…』、そう思いました。人生には避けては通れない多くの苦難に満ちた出来事があります。しかし、この『地獄』はその種類のものではありませんでした。まだまだ弟は生きていて良いはずでした。私には、このあまりにも不合理な事実を受け入れるということが、どうしてもできませんでした。また最後の最後まで気持ちの折り合いがつかなかった父との関係に対する弟の無念さを思うと、父に対して憎悪の心を向けたりもしました」

手紙にはいかなる父子の不和があったのかふれられてはいなかった。だが、その事実の重さに、想像を絶する苦悩を背負った家族の姿が、まるでわが事のように思い浮かんできた。私は繰り返し読み込んだ。私にとって幼いころから、気質的にも体力的にも怖かった父が晩年になって認知症になり、そのことで私は父と和解することができた。そんな〝親父と息子〟の七転八倒が懐かしくも切なく想い出されてくるのだった。

出征体験をもつ父の介護の限界を家族全員で悟ったのは、父が斜向かいの家の竹やぶにロシア兵が潜んでいるとおびえ、敷布団の下に薪屋《まきや》時代に使った鉈《なた》を隠したときであり、戦友を埋葬すると隣家をたずね、畳をスコップで持ち上げようとしたときだった。その家のご夫婦とは両親との同居以来、知り合う人もいない土地で親切にしていただいていた。

手紙は続く。

「最近、父と子育てについて話す機会がありました。満たされた環境に生まれた私と、高度成長期を一匹狼で駆け抜けるように生きてきた父との間には…。（でも）父に比べて私の方がゆとりのあるものの見方ができるとしたら、そのゆとりは、父が一生懸命に身を粉にして働き、私に与えてくれたものなのだと気づきました。父の偏った見方に対しても、間違っているとは言えないのです。『犯人探しからは何も生まれない』。その通りです。今日を生きている限り、だれもが明日も生きていいのです」

その後、この方から3年ぶりに再び手紙が届いた。

「子どもが親に望んでいることは、たった一つしかありません。〝自分は生まれてきてよかったのか〟〝自分はあなたの子どもとして生きていいのか〟。その答え、『YES』と言ってほしいだけなのです。子どもの問いかけは、一糸もまとっていません。いま子どもがこぶしを振り上げている相手が子どもにとって一番大切で愛している人なのですから…」

私も父に、父も私に「YES」を求めていたのだろうか。そして亡き今となっては怖い人になるしかなかった戦争体験者の父との日々も「還る家」の思い出になっている。

平和な家庭の孤独

本音出し合えぬ苦悩

人はふれてほしいときと、ふれてほしくないときがある。意外とこちらがふれてみたいときが、相手にとってはふれてほしくないときだったりする。なぜなら相手も別の人間関係を抱えているからだ。

私の講演を聞いてくれたある女性教師から「争い事など全くない平和な、おっしゃられたままの家庭なのです」との手紙をいただいた。「義母68歳、主人、そして私、小6の娘、小2の息子の5人家族」は表面だけでつながっているとのことだ。手紙を引用する。

私は、以前から主人の事を感情のない人と思っていました。一見すると穏やか、でも全然違っていたのです。ある事がきっかけで、私は全く感情を表に出さない人間になってしまったのです。

ある事とは、主人が私に内緒で借金をしていること。それを知ってしまったのです。これは初めてではなく数度目なのです。以前は主人に対して本気でおこったりできたのに、今は何もしゃべれないのです。毎日、言おうか言うまいか悩んで悩んで、いつかは離婚かななどとひとりで悩み、苦しんでいます。

私には〝せめぎあって、折り合って、お互いさま〟の人がいないのです。からみあいが怖いのです。主人に対して何一つ言えないのです。言ったら最後だから。そうなっていいという気持ちも半分はあります。でもあと半分は子どもがいるからどうしよう。別れて、不良になったらどうしようなどと考えてしまいます。こんな私に育てられた子ども2人の将来がどうなるのか、心配です。こんな思いで子育てしている自分が情けないです。

私は、周りの人たちからは、いつも穏やかでやさしい先生と言われています。対立するなんてできないし、修復もできないのです。けんかできる夫婦がうらやましいです。義母とも必要以上に話はしていません。けんかしているわけでもなく、やはり話す事がないんです。がまんしてきてから七年がたちました。突然パニックになり爆発するのでは？ でもなぜか仕事では笑顔になるのです…。


「求めても、得られないとつらいから、求めない」。私もそんな心境のなかにいることもある。そんなときは身も心も竦《すく》んでいる。一方的な思い込み、取り越し苦労であったにしろ、信頼関係を確信していたとき別な所からその願いを打ち砕くような思いがけない否定的な話を伝え聞くと心は冷静さを失ったりする。

そして寄せた期待が大きければおおきかったほど相手の「真意」をたずねることが怖くなる。もしその伝聞が本当であったらさらに心の傷を深めてしまうからである。気がついたら互いに何も向き合うことなく、悲しみと空しさを抱えつつ距離がとられていく。結局、真実は分からないままだ。ただその真実も状況によって歪められたりもする。

人はその繰り返しのなかで人とかかわるエネルギーを失っていく。すると人間関係にあきらめやすくなり、自分の感情も出すより抑制した方が〝楽〟に思えてくる。本音をかわすことが負担になり関係から引いてしまう。心が引きこもる心理の一つである。

だから、波風のたたない、平和でおだやかな家庭には本音を出して修復する力の乏しい面が見え隠れする。「求めても求められない」とあきらめている場合もある。刺激的な言いまわしだが「せめぎあって、折り合って、お互いさま」のない「あたりさわりのない」関係は目でみるほど気楽ではなく、むしろ孤独であるはずだ。ただそれも生きる手立ての一つであり、関係が変われば騒がしい家族になっていたりもする。

弱音や愚痴 言ってもいい

嫌なことも人生のプロセスの一つになれたら…

「講演会に来ていただき、ありがとうございました。〝弱音・愚痴を言ってもいいんだよ〟という言葉にとても共感をもちました。弱音や愚痴を吐けることはその人を私が信頼している、心を許しているからだと思います。でも私は心の内を見せてしまったばっかりにいじめにあいました」

本当に人生とは人と人とのめぐり合わせ、組み合わせである。それによって光がさしたり闇に入ったりもする。そのたびに心は浮き沈みする。だから絶望しているだけではいけないし、高慢さも心しなければならない。拙著『甘えていいんだよ』の感想と合わせて講演した先の高3女子から手紙をいただいた。

中学の席がえで彼女は〝とてもイヤな席〟になり、「イヤだなぁ、もう一度、席がえやってほしい」との愚痴に同級生が反発したのがいじめのきっかけだった。

「クラスのみんなはその席が良かったのか、私に対してブーブー文句を言うのです。それから生意気だ、ムカつく、とみんなが私のことをシカトしはじめたのです。私が心をゆるしていた大親友も私のことをシカトしたのです。数人の男子に消しゴムを投げつけられたこともあります」

彼女は、弱音や愚痴は絶対に言ってはいけないと、席がえの日から心を閉ざした。一日中、だれとも口をきかなかった時もあったという。人にはめぐり合わせ、組み合わせでまったく打つ手がなく報われないときがあるものだ。

「でも高校に入ってからこんなに楽しいし、友だちだっていっぱいいるし、今は幸せだと感じています。人生はいろんなことがあるんだ。いじめられてとてもつらくかなしい時でも、時期がすぎれば楽しく幸せな時だってくるって信じてるもん。弱音や愚痴を言ってもいいんだよね。ただ相手の弱音や愚痴もちゃんと聞いてあげなくっちゃね。それをまちがえちゃっただけのこと」

手紙の最後はこう結ばれていた。「今思えば、中学の時そんなこともあったなぁーって笑って思い出になりました。文章を書くのヘタなのでよくわからないと思います。でも今までの自分を吐き出せただけでいいんです」（傍点・筆者）

良し悪しを越えて過去を思い出として語れるならばそれは「充実」していたときといえそうだ。自分だけでなく他人の弱音や愚痴も聞くことである。

親の励ましが善意の押し付けに

ふがいなさのすり替え

思春・青年期の子どもの面接をしていると、学校や友人関係でのトラブルがきっかけなのに、トラブル以上にもっと悔しさを訴えるときがある。それは親に対して無防備で信頼していたにもかかわらずその気持ちを無視するかのように否定されたときだ。そしてその事実をあらためて子が突き返したとき、多くの親は「ごめんね、あれは励ますつもりだった。他人の子なら言わなかった」という。この〝善意の押しつけ〟に子は「ごめん、といったら言い訳するな。もっと素直になれ」とときに親に詰め寄る。

中学3年のA君は体育会系の子で小学生時代は少年野球のエースだった。小6の運動会の組体操で野球のユニホームを着たA君が頂点に立ったとき、両親は思わず肩をたたきあって泣いたという。

彼は中高一貫教育の私立中学の誘いを受け、スポーツ推薦で入学した。片道50分かけての自転車通学。母親は夫の帰宅が遅くなって睡眠不足でも必ず早朝練習に登校するA君を見送った。このころ「妻である負担を長男への期待でごまかしていた」と今になって母親は思う。

A君は2年になると愚痴が多くなり、野球部をやめて公立に戻りたいと言い始めた。〝二人三脚〟を信じてきた母親にとってその愚痴を「ただ聞いて」受け流してあげることは「親だからこそ」できなかったという。

「好きでやっているんでしょ。監督と話してみたら」

「カントクはおれの気持ちを分かってくれない」

「せっかく1年間、がんばってきたじゃない」

「ほかのスポーツもやってみたい」

「なに言ってんの、それは逃げよ」

「逃げじゃない。お母さんは部活のおれの様子を何も知らないじゃないか」

「じゃ、もっと詳しく話してよ」

「そんなに、自分の子どものみじめな話を聞きたいのか。お母さんは」

「聞きたくはないわよ。あんなに野球好きだったでしょ。お母さん、毎日、必ず起きて見送っているでしょ。分かるでしょ」

「頼んでないよ、おれは…」

予想もできない、感情の行き違う親子に変わっていた。そしてA君が3年への進級を前に、かねがね心を砕いていた母親の実父が家族全員を前にして怒りをあらわにした。

「甘やかしすぎだ。オマエ（親）たちがしっかりしていないからだ」

実父が娘である母親をひとにらみした。その瞬間、唐突にも母親は自らの覚悟を表わすつもりなのか自分の体を傷つける格好をしてA君を見据えた。

「お母さん、もっと強くなれ」

彼は母親の突拍子もない行動をいさめるように一喝すると家族に背を向けた。するとその背に父親の嘆きがかけられた。

「お母さんに強くなれ、と言うなら、おまえも強くなって、現実から逃げたりするな」

間もなくしてA君は青少年施設の寄宿舎で3年生を迎えた。その後音信は絶ったままであった。ここで「母のためにも帰ろう」と自分の心を合理化すると母親との「共依存」になり関係に距離がとれなくなる。その長男の苦心を知ったのか、母親がつぶやく。

「励ましは、はがゆい長男を見守れなかった親のふがいなさのすり替えだった」と。

親は子の苦しみから逃げられないから〝励まし〟という混乱を重ねるのだ。関係の取り方によっては励ます言葉が傷つける言葉になる。相談のなかで「子どもの立ち直りを信じて励まし、待ち続けます」と親の〝覚悟〟を語る場面がよくある。そのとき「信じて待つ」、その先にあるのは親の望む姿であることが多い。それが励ましのミスマッチとなる。親にとって「待つ」とは「待てない自分」と向き合う時間と心得ておくと良さそうだ。

つらさへの共感が生きる力に

孤独を背負うとき

人は孤独を背負ってしまうことがある。つらさを分けたり、預けたりできない時である。そのつらさに納得しなくても共感してほしいと誰かに心を寄せるとき、そのふがいなさをあきらめでもなぐさめでもなく丸ごと「それでいいんだよ」とひとまず受け入れてもらえる。人はそんな「かけがえのない」心の原風景、「還る家」を（存在を肯定されたと思える人間関係の場面）互いに積み重ねることで現実を踏ん張る力、底力を獲得するのではないだろうか。

正月休みに講演会でのアンケートを見直していたらいくつかの原風景と出会った。

「母が私と父と姉をおいて家を出ていったとき、しばらくして電話をかけてきた母が、受話器を取った私の名前を第一声で呼んだ時のことを忘れられません」（34歳母親、埼玉県）

母親になにがあったか分からないが、寂しさ、不安、後悔がその場の母娘のきずなを阿《あ》吽《うん》の中で確かなものにしたのだろう。

私にもそんな原風景がある。父が65歳、母が50歳の時だろうか。

両親と3人で暮らしていた私は家庭事情もあって中学を卒業後、就職し寮生活をしていた。ところが、その冬、私の知らないところで財力もなく初めて町議選に立候補した父親が落選の悔しさを母親の〝けち臭さ〟にすりかえて連日連夜攻めたてていたようだった。頼まれたら断れない性格の父親が〝組織票〟をうのみにしたみじめな結果だった。

空っ風の吹き付ける夜、父親から寮に電話が入った。母親が二晩家に帰らず行方不明という。父親は私がかくまっていることをほのかに期待していた。驚き絶句する私を案じてのことか分からないが、父親は軽トラックを走らせ深夜、私を助手席に乗せ数時間かけて寮と実家を往復した。翌朝、父親と私は郷里の砂浜に広がる雑木林の木陰をくまなく探し、最悪の事態も覚悟していた。もちろん砂煙の舞う海辺も見渡していた。気丈な母親の思いつめたときのもろさを知っている父子ゆえだった。

肩を落とし実家に着いたころ寮の管理人さんから電話があった。母親から手紙が届き、寮の近くにいるから安心しろ、とのことだった。すぐさま私は父親の運転する車で寮に戻った。夕方、母親の気持ちを察し激怒するだろう父親には家に帰ってもらった。するとまるでその様子をみていたかのように母親から電話がかかってきた。管理人さんの微笑みに引き寄せられるように私は玄関に備え付けられている電話機にしがみついた。

「ふじや、ふじや」

「かあちゃん、かあちゃん、どこにいるだ」

「それっ、目の前の鉄工所だ」

私は一息つくと「おじさん」と管理人さんの目を見て泣いてしまった。管理人さんは黙ってうなずくと片手を鉄工所に向けて優しく払った。母親は死ぬ気で泊まった宿のおかみに諭され、私の周りに身をおいて暮らそうと鉄工所に賄い婦でまぎれこんでいたのだ。

鉄くずを拾う母親の姿をみたとき私は、自分の孤独を母親の孤独で消していた。

「今朝、娘をおんぶして講演会に行こうとしたら、みといてやるから落ち着いて聞いて

こいと、姑が言ってくれた」（36歳母親、岡山県）
だれも人の孤独を喜んでみていられるほど強くはない。

依存と自立の兼ね合い

激高の電話

帰属する場や行くあてが見つからない人にとって春の便りを聞き始める時期はつらく、ときにいら立ちをだれかに預けてしのぎたくなるものである。そんな苦悩を抱える子を持つ親は、ただただ息を殺し、新聞の大学合格の記事が載ったページをそっと抜くことさえある。

そして私にも、かつて関わった若者たちからこの時期になると、かかえる葛藤を吐き出すような嘆きが、電話や手紙で寄せられてきたりする。電話だと切ない気持ちになりただ黙ってしまうこともある。

以前ある青年から「関わった責任を取ってくれ」との〝激高〟の電話がわが家にかかってきたことがある。彼は中学で不登校になり引きこもり続け、その後、高校は卒業したものの大学受験に失敗、就職もままならず20歳代を生きていたのだ。私の黙るしかないつらさが恐怖に変わると、かかってきそうな時間の呼び出し音には緊張が走る。「抗議」はあまりに無茶だと思いながらも青年のこれまでに心を寄せると「勝手に人を信用させるような本を書くな！」に返す言葉は見つからない。

安易な表現を許していただければ彼は、「個性」と「わがまま」の折り合いを見つけ、そこを確かめつつ子育てされてこなかった。だから相手を思いやる気持ちはあっても、それをコミュニケーションを通じて伝えることは「自分らしさが壊れてしまう」と思うのだ。

依存と自立の兼ね合いが分からず仲間の中で自分を維持することができないまま年齢を重ね、同世代から「はぐれた」と言う。いつも人恋しく、肯定感が乏しいので自分の弱点が表面化しそうになるとだれかの弱点をみつけ責めたてる。もちろん親も何かにつけ「勝手に生んだ責任を取れ」と言われ続けてきた。「依存」は大切だが、いつかはその関係から「自立」しなければ「共喰い」「共倒れ」になる。そしてその「依存」先は親になりがちである。それだけに親以外に小さな「依存」先をみつけておくことは大切である。

彼は甘え方が分からないので、人に〝すき〟を与える余裕がなく常に防衛的、攻撃的になる。素直に人を頼るコミュニケーションが獲得されないまま「あご髭の生える」年齢になってしまった。

彼は私に「そんな自分を分かってカウンセリングをしていたのか」と、同世代からの置き去り感をもちやすい年度替わりや年末年始に、思い出したかのように電話をかけてきた。「オマエが（面接に）来いと言ったから来たのに、オレは何も変わらなかった」と言う。ただ聞いていると素直になり私の願いを察して自ら電話を切る。

不在がちな私に代わって私の母が電話口に出てしどろもどろになったこともある。母まで彼に叱責《しっせき》されてしまい、落ち込んでしまった。その夜、気弱な高2の二女が振り返り、震え上がる母（祖母）と私に落ち着き払ってこう言った。

「親は大変だね。でもお父さんは、その子（青年）から頼られているんだね。好かれているんだよ」

二女は私の肩を軽くたたきほほ笑んだ。思えば、それは二女のいたわりだった。その瞬間私は思わずその笑みにつられ、弱音をはいてしまった。「好かれているにしては、あの言い方はおびえるよ」。

カウンセラーの家族もカウンセリングしてくれている。

甘えるってどんなこと？

一緒にふざけてみたら

親に甘えたり、なつけない子もつらいだろうが、子に甘えてもらえない悲しみに気づいた親の切なさは深い。甘えるとは、断られる可能性を背負いつつも相手を信じて素直になる勇気である。だからどうにも動きのとれないときにこびることなく誰かを信じて素直に「助けてください」と言えることは、生きるうえでの〝命綱〟となる。それだけに親として心の危機にある子から甘えてもらえないということは、自らの無力さを思い知らされることになる。

「どうして登校拒否するんですか。私には彼の心理がわかりません」。中学2年の夏休み明けから登校を拒否し、3年生に進級してもまったく学校に通っていない少年の母親が再び相談室を訪れた。物静かで理知的な母親が「皆目わからない」といった表情で子どもの様子を語った。

少年は「学校に何の原因もない、ただ自分には登校する必要がない」の一点張り。担任に相談しても、元気に外出もしているなら、とあまり相手にされないという。

「それに彼は近々、アルバイトをするといって履歴書まで買ってきて私に見せるんです。卒業しないと働けない、と何度言ってもわからないのか、『漢字を教えろ』と履歴書を私に突きつけるんです」

母親は目を見開き、私の受け答えを待った。

一人っ子の少年は両親にとって恋愛の証《あかし》として誕生した。「男も子育てを」とのオピニオンリーダー的に2人とも職業生活を過ごした。保育園に迎えに行くのは知人から紹介されたベビーシッターの女子大生だった。

マンションの鍵を彼女に渡すことにちゅうちょする父親に、母親は「あなたは信用しない人にわが子を預けられるの」と問い返した。父親は母親のその「自信に満ちた言い方」に安心し、「きっと子どものことを気にして早く帰ってくるだろう」と残業を重ねた。だから父親は、休みの日に保育園に迎えに行った母親の「この子、私の顔を人さらいおばさんのようにみるのよ」の一言に戸惑った。

少年が小学校に入学するころになると、父親は職場でも中心的な存在となっていた。「きょうもパパ帰ってこなかったね。僕、パパの顔を忘れてしまうよ」と彼から「あきらめられてしまう」状況になっていた。

母親も父親の心が家庭から遠のいて仕事にのめり込んでいくと少年の度々言ってくる「甘え」がわがままに思え、疎ましくなった。「自分のことは自分で決めて結論が出たらそのとき話し合いましょうね」。彼が小5のとき、家族会議で母親は言った。

「甘え」と「わがまま」は違う。「甘え」は相手から断られることも承知しつつ、素直に「寂しい」「助けて」と関係を求めていくことである。「わがまま」は相手を察することもなく「私中心」で関係をつくろうとする。

「お母さん、彼の甘え方は素直でなく自分中心で下手でしょう」

私は、回答を待つ母親に子どもが「おねだり」するような言い回しで話し込んだ。

「はい、私の持ち帰った仕事の邪魔ばかりするんです。時間を取って話を聞こうとするときは、何も言わないでテレビばかりみて。主人とよく似ています」

「お母さん、子どもはなついていますか。怖がったり緊張していませんか。お母さんも子どもに甘えて、なついていますか」

「エッ、なつくって、素直に甘えるってどんなことですか」

「お母さん、お父さんに、甘えたことありますか」

「エッ、あの人に。そんなことわかる人じゃありませんから、もう頼っていません」

そのとき何か思い出したかのように続けてこう言った。

「そういえばこの前、先生に言われた通り一緒にふざけたら、あの子、喜んで。その日は暴言もありませんでした。あの子も私もお互いに〝警戒〟しないで甘えていました。信じて安心していました」

凛《りん》としていた母親がうつむいた。その姿は助けを求める母親の〝赤ちゃん返り〟に私には思えた。子どもに甘えてもらえる親になるためには、まず親の自分が子に素直に甘えることである。たまには寝込んで子に助けを求められる親になりたいものだ。子になついたり、甘えてもらえないで、どうしてわざわざ親に、家族になったのか、一考してみたい。

信じることなくして向き合う意味はない。素直に「甘える」ことは相手を「信じている」という証になる。

髪ふり乱しているお母さんがきれい！

〝いい子〟が危ない

対立することや絡み合うことを恐れてはいけない。なぜなら人とは、人間関係とは、変わりうるものであるからだ。ただし、逃げない限りである。つむぎあう関係をあきらめたときに、家族が学級が崩壊する。そして人は違いを見つけ、分かり合い、互いに、ほどよい距離感をつくるためにケンカして仲直りというコミュニケーションをとることもある。

コギャル化した高1の少女と、40歳を前にした母親が相談に訪れた。疲れているのか、気の弱さか、それとも奥ゆかしさなのか、母親は落胆と不安な表情を浮かべつつ面接室のソファに腰を下ろした。見るからに〝日焼けサロン〟の少女は屈託なく振る舞うが、どこかに「なりきれない」はかなさも漂わせていた。地味とけばけばしさの違いはあれ、心の奥に秘められた2人の抑圧感情がわずかに私の心に伝わってきた。

小中学生時代をいわゆる「いい子」ですごしてきた少女は、高校に入学すると勉強でつまづき、クラスメートの主体的、自発的な行動に驚き、自信をなくした。また、「趣味程度で入った」テニス部も新入部員の少なさを考えると、「自分勝手」にやめることはできなかった。

「お行儀が悪いわよ」が口癖の母親をうっとうしく思い始めたころのこと。授業中でもケイタイを鳴らしてしまう級友の「親の敷いたレールの上に乗せられてきただけだった」の言葉に少女は揺れた。「悪い子」になることが、自分らしさを見つける道だと早とちりした。少女の「問題行動」に、それまでは「おだやかで、さわやかで、やさしく、立派で、頭が良くて、落ち着いていたはず」の母親が敏感に反応し、取り乱すようになった。

「お母さん、落ち着いてよ。私の人生は私が歩いていくのよ。私が、言いなりになっていたからお母さんは優しかったの。物分かりのいい母親でいられたんでしょ」

少女のいら立ちを含んだ口調に「聞き捨てならない言葉」で返すこともあったと母親は反省する。一喜一憂の親子関係に母親は「身なりをかまう気力」さえなくなった。そんな日々に母親としてだけではなく、「いい妻」であることにも自信をなくしていった。母親は自分の無力さ、身勝手さに気づくほどに娘がふびんに思え、また夫と娘のふざけあう関係を振り返るとうらやましくも見えた。そんな葛藤《かっとう》を抱えての面接だった。

「私、揺れっぱなしで強くなれないんです。昔の母親のように、肝っ玉母さんには…」

すると母親のわきに並んでうつむいていた少女が大人びた言い回しでこう言った。

「髪振り乱しているお母さんが、一番きれいだよ。私、本当は安心しているんだよ。なんだ、お母さんも私と一緒なんだって」

少女から「いい子」でいた時代に母親に抱いていた不安が消えていった。

「私ね、お母さんみたいに立派になれないってずっと思ってたの。だからいつお母さんから嫌われるかと不安だった。でもね、誤解していた。ひどいことも言うけれど、どんな私になっても最後は私を守ってくれるって、分かったから」

少女の素直さが自身の焼けた顔を和らげた。ののしり合い、取っ組み合いしながらも〝あきらめない親子〟関係が、互いの「らしさ」を見つける旅だったのだ。子育てにマニュアルは要らない。「還る家」さえ互いに宿っていれば…。

ケンカする仲への羨望

怒りもせず気にもとめず

人は自分のことを理解してほしい。この人なら分かろうと努力してくれると期待を寄せるから、かかわるエネルギーを惜しまない。傍目《はため》で「ケンカするほど仲が良い」と恨めしく言うのも、人と人との仲（＝きずな）を直すことができる関係への羨望《せんぼう》であり、あこがれである。ときにはそんな家族・親子・教師と生徒の関係がまぶしくみえることさえある。

「私が髪を染めて学校に来たら、友だちにはビックリする子やしかってくれる子がいた。だけど先生はだれ1人、私の髪のことで怒らなかった。なぜだろうと考えた」

講演先の高校に通う2年生女子からこんな手紙が届いた。少し前まで、何もやる気がなくてイライラして、少しいい子ぶっていたという。罪悪感を抱きながらも髪を染めたのは、その反動なのだろう。

彼女は言う。

「なんか先生に怒られるのかな、説教されるのかな、と思って内心『ドキ×2』していたのに、だれ一人言わないから気が抜けた。先生方はあきれているのだろうと思う。マナーアップ運動とかで茶髪を減らそうと、プリントを生徒に配ったのに、新しく染めた生徒がすぐ来たら先生もあきれるよね」

家庭でも誰も怒ってくれないし、気にもとめてくれず、「なんだかつまらなかった」という。ただ、髪を染めたのをまだ知らない父親に対しては「これから何を言われるのか(言われないかもしれないけど)楽しみだ。お父さんが私をしかれるのかどうかすごく楽しみでもあり、恐怖でもある」と〝期待〟している。

彼女が感じているのは、一見、穏やかで平和な「日常」が抱える「かかわりに冷めたあきらめ」の「非日常」である。そんな危機を感じるから、得意な言動で「ねえ、それでいいの、こっち向いて」と関心を引こうとする。手紙の内容は「あきらめ」に耐える学校生活になった。

「ある男の先生は『ノート提出日は○日だ。出すのも出さないのも勝手だ。ただ出さない者が点数を引かれるだけで、先生には関係ない』とよく言う。そう言われると、何だかハラが立つ。特に『先生には関係ない』というのが…。冷たいなって思って別に反省しなくてもいいかなって思ったけど、そんな自分もイヤになっちゃうからこれからは考えて行動しようと思った。なんだか私って、寂しがり屋なんだと今回のことで分かった気がしました」

人は寂しさに打ちひしがれる「あきらめ」の関係にいつまでも耐えられるわけではない。その切ない思いに何らこたえてもらえないとき、人はその場から去るしか身がもたないのだ。

「先生、ケンカできる夫婦がうらやましい」。相談室に訪れたある妻がふっとつぶやいた一言が頭に浮かんだ。穏やかに見えていた夫婦関係にわが子の登校拒否が引き金となって、そのもろさが露呈したケースだった。

人と人との信頼関係が希薄になると、ケンカしてまで無駄なエネルギーをつかいたいとは思わなくなる。ときに深く分かり合うために人はケンカもする。必ずしも「ケンカしない」ことが良いとは言えないのだ。

意地悪したくなる原因は

「完璧」な母親の孤立感

人が生きていくうえで大切なことは孤立しない人間関係を獲得しているかどうかである。特に人を恨んだり、憎んだりすると孤独を招きやすくなる。そして人は孤独にはそれほど強くはない。

「勉強ができるできないで良い思いをするのは10代だけ。20歳過ぎたらみんないっしょ」

ある小学校の家庭教育学級の講演で私が言ったこの一言をきっかけに、41歳の母親が相談に訪れた。中学2年、小学6年の男子の子育てに専業主婦として明け暮れている彼女は、取り乱した様子もなく、落ちつき、気品さえ漂う。

「実は子どものことではなくて、私のことなんです。なかなか大人になれなくて。でも先生のお話を聞いて、先生なら分かってもらえるかな、と思って来ました。きょう明日どうするかといった問題ではないのですが…」

いつのまにか、母親というよりもはかなげな「少女」に変わっていた。

「私は自分よりも明らかに劣っていると思える人が自信たっぷりに活動している様子を

みると、許せなくなり、意地悪をしてしまうんです。先生、驚いたでしょう」

ついに言ってしまった、と安堵《あんど》する表情がいたいけな子どもを思い浮かばせる。

「私、講演の中に出ていた○○大（有名女子大学）出なんです。結婚退職して2年目に子どもが誕生し、主人の転勤に合わせているうちに完璧な主婦になってしまいました。主婦と子育てを楽しんでいましたが、長男が小6のとき私立中学の受験に失敗しました。私にとって初めての挫折でした。それまではほかのお母さん方と交流しなくても『やっていける』と思っていましたが、自信もなくなり家庭教育学級に誘われ、参加するようになりました。勝手ですよね」

自分が背負う弱さを語る姿に私は身を乗り出した。

「でも、そこではすべて〝母親〟で一くくりにされてしまうんです。学歴も知識も関係なく教育より世間話に花を咲かせ、元ヤン（元ヤンキー）が委員長になってしまうんです。もちろん私は笑顔で賛成しますが、心の中では、なぜ○○大を出た私がここにいるのかと思うとイライラしてくるんです」

孤独なときは、安心してだれかにねたむ心やさげすんでしまう心まで受けとめてもらいたいものだ。納得もアドバイスも励ましも期待してはいない。ただ聞いてくれることが孤立を解き放つ。

「先生、ごう慢でしょ、いやらしい人間でしょ。だからだれにもこんな心は話せないんです。『私バカなの』と言って委員長が務まるその元ヤンを見ていると、私に勉強ばかり強いた母が許せなくなるんです。その恨みから、つい委員長の足を引っ張るような意見をポロッと言ってしまうんです。だから結局、煙たい存在になって…。先生のあの一言はきつかった」

人は周りからみたら申し分のない生活を過ごしているようにみえても、内心ではだれにも語ることのできない苦悩を抱えていることがある。私は素直に言葉をかけた。「気づけたことが優しさだね、お母さん」

親子も「ライブ」で

感情をさらけだしあって

「なんでいまの歌い手はともすれば〝ライブ、ライブ〟って言うんだ。なんだえ、ライブっていうのは」

夕食後、テレビの歌番組にくぎ付けになっている高3の双子の娘に、大正生まれの私の母親が手持ちぶさたも手伝ってかうるさそうな顔をして愚痴った。

子どもたちは母親の大声に、少し迷惑な顔をして、黙ってリモコンで音量を上げた。私は、孫に相手にされない母親の寂しさを察して答えた。

「一方的じゃなくてお客さんとやりとりしながら歌うショーだな。コンサートだよ」

「ライブっていわなくてもコンサートでいいじゃないか」

私は「ライブっていう方が生きているって感じがするんだよな。このうちもごちゃごちゃしてライブだよな」と言いながら、「少しはおばあちゃんに気をつかえ」といった顔で長女に目で合図した。

「おばあちゃんは自分が好きなワイドショーだと、静かにしろ、って怒るくせに…」

画面に食い入ったまま背で不満を言う娘に、妻が声を押し殺して苦笑した。

その時、私が思い浮かべたのは、幼稚園児を持つあるお母さんだった。30歳代の彼女が相談室で悲しげにつぶやいたのは「手の届く夫婦、家族、善くも悪くも一緒にいる家庭を求めてしまう私はわがままでしょうか」との言葉だった。

そのお母さんは両親に「愛情たっぷりに育てられた」。そして暴力的なことはない家庭だがしつけの厳しさの下で、いわゆる「いい子」に育った。親に反抗することはなく、悲しませたくない思いもあっていつも親の顔色をみながら過ごしていた。

人の意見を取り入れたり、拒否したり、自分の意志をぶつけてみたりすることが必要のない育ち方。勉強をして親や先生の言う通りにしていることが楽だった。だから「自分で判断していくことが自立」と高校生の時に父親に言われ、戸惑った。

悩みつつも「いい子」から決別しようと、初めて自分の意志で選んだのが夫との恋愛結婚だった。自分で判断ができるようになった彼女だったが、穏やかで冷静すぎる夫に対して、拍子抜けの感じがし、不満が募った。

夫は、正しさを強いることなく、彼女が間違っていたとしても気が付くまで何も言わない。子どもにも手を上げることはなく「意欲と思いやりのある子に育ってほしい」と繰り返していた。しかし、子どもとじかに接する役はもっぱら彼女だった。

夫へのあきらめを子どもへの期待で埋めるしかなく、「頭では分かっているが、イライラして子どもにあたってしまう」状況になった。夫に怒りまくって「私一人が損している」と言いたいが、言えない、と打ち明けた。夫はそれで彼女の気持ちを初めて知った。

ライブにあこがれる若い世代は対立やもめごとにすくみ、自分の心の中に抱える〝汚れた感情〟を友だちと交わしたり、分かち合ったりすることが日常的に少なくなっている。そのため独りよがりになって心のさみしさゆえに依存症に入っていく子もいる。さらに自らを傷つけるような衝動的な行動に迷走していく子もいる。まずは家族、親子の間で善悪あわせもった様々な感情を互いにさらけだし、対面し肉声で対話する「ライブ」な関係を取り戻す必要があるのではないだろうか。

憎しみ、ねたみ、怒りなどを心の中の「鬼の部分」に例えるなら、「福は内、鬼は外」ではなく、「鬼も仏も一緒」なはずだ。

カウンセリングの授業

注意や批判のない空間で

「保育カウンセリング」のワークショップをする千葉県内の保育者養成の短大に加えて、大学の教育学部でも授業をしていたことがある。教師を目指す学生が対象で演習中心の「教育カウンセリング」だ。受講は数十人くらいと踏んでいたが、200人を超える希望があり、教室はステージ付きの視聴覚室となった。

私は学生の学ぶ意欲を引き出せるほどの力もタレント性もないので面食らった。授業は人と人とを引っかき回して、そのめぐりあいからわき出たエネルギーを顕在化し、受講生一人ひとりの心と突き合わせる—という私なりの「ライブ」な方法である。

実際の相談場面を織り込んだ授業。私はマイクを手にステージから降りると全体をゆっくりと見回した。漂う雰囲気をのみ込むようにしながら「いま、ここ」で感じたことについて、視線があった学生にすがるような問いかけをした。

「だからね、いま、不安でいっぱいなんだ。君なんか、そんな印象を僕から受けない！」私は少し甘えつつマイクをその学生に向ける。すると2人のやりとりに教室全体が身を乗り出すように注目する。人は構えた人には構えてしまう。だが頼りないわきの甘さをみると、安心して飛び込める。四つに組める可能性が持てるのだろう。たまにどじを踏む母親に愛きょうを感じてなつく子の心理に似ている。

口元にマイクが寄せられた学生は、受講者全員の視線を感じて、しどろもどろである。「対面し、肉声で、対話する」関係に〝挑む〟学生と私に対し、周りの学生は対岸の火事のように、隣同士で笑い、話を始める。すると私はすかさず、高みの見物をしている別の学生に唐突に視線を投げかけぼやく。

「ねえ君、いま、僕と向き合っている彼はどんな気持ちでいると思う。僕は彼に嫌われないかと少し不安なんだけれど。彼の目を見て感じたこと言って」

瞬間、ざわめきは止まり、一人ひとりが当事者の世界に引きずり込まれる。

「きついっすよ、どう感じればいいんですか」

感じ方の〝正解〟を私に求めているのである。感じ方はそれぞれで良いのだがそれを言葉にして「間違っていたらどうしよう」と不安なのだ。「私の思いを話すには先生からの情報が少ないです」と言ってきた学生もいた。あいまいさを抱えつつ人とつながることに慣れていないのである。だから私は後押しするつもりでこう声をかける。

「自分に置き換えて、勝手にイメージしたことを言ってくれればいいんだよ」

「エー、困っていると思いますよ」

「そうかい、でもいま一番困っているのは、当てられた君だろう」

すると教室にどっと息抜きの笑いが起こる。そして私は当たり障りのない「会話」の関係から、一歩踏み込んで学生に思いを寄せて考える「対話」の関係をめざしていく。授業はこんなやりとりの繰り返しだ。「指さし」「注意」「批判」のない空間に身を任せ、他人の気持ちを推し量り、自分の感情を吐露する「演習」を積み重ねていく。

学生がカウンセリングの授業に求めるのは、何も難しい理論や技法ではない。人とかかわり、人とのつながりをあきらめない粘り強さを教師やクラスメートをモデルに育てることである。

空間へ目配りし、受講生と具体的につむぎあおうとする私の姿勢が授業の〝品質〟となる。私は学生たちがいつか「先生」になり悩んだりしたときにこの授業が「かけがえのない時間」として、「還る家」になればと心のどこかで願っていたように思う。

引きこもり続ける息子

「世間話」したい父親

「そりゃ、息子は31歳ですよ。世間からみれば『親は何をしていたのか』と言われるような情けない状態です。いっそ会社を退職して、一緒に自営業でも始めようかと考えたこともありました。でもね、それも結局は世間体です。息子を思っているようで、親のつじつま合わせなんですよ」

定年を2年後に控えた金融マンの父親が、人とのコミュニケーションの不全感から引きこもり続ける長男の相談に訪れた。多発する青少年の犯罪に不安を抱き、この間のやりきれない思いを私にぶちまける。

「みんな息子のような人間に理解を示している顔をして、内心では遠ざかっていくんです。メディアもあおっているだけ。あの子が40、50歳になろうが、私は父親として守ってやりますよ」

父親は当初、相談室を「話したくないことまで話す」と毛嫌いしており、そのことで妻や33歳の長女からも孤立していた。だが、「説教され、責める」との相談へのイメージが取り除かれると、自身を省みる言葉がこぼれた。

「もしかしたら、私が息子の心をねじ曲げてきたのかもしれません」

私は「ねじ曲げる」を別な過干渉的な視点で表現して「お父さん、子煩悩だったんでしょう」とたずねてみた。

「はい。いまでも息子の一つひとつが気になって、腹が立ちますが、トイレに入り鼻かんでいますよ」と涙をこぼしながら答えた。

息子は小さいころから「人より一歩遅れているような子」だった。それが父親には黙っていられない「ふがいなさ」でもあった。それでも息子は父親にまとわりついていたという。

「私は情にもろくて損するタイプなんです。そこを息子がからかってくるんですよ。でもね、子どもの言うことじゃないですか。太っ腹を意識して叱ったりはしませんでした。それに妻は母親らしいところがなくて、息子とじゃれているところなんて見たことがなかったんですよ」

そんな父子にめっきり会話がなくなったのは、息子の高校入学前後だった。父親はある日の事を思い出す。

「息子が私に『お父さんとの会話は意外に難しい。深過ぎる。でも、ほかの考え方を知れるからいい』と言ったんです。私はそれを真に受けて、息子が話しかけてくるといろいろな見方で話しました。私はいつも息子に教えてばかりいたんです。あの子が難しい話し方にこだわりだして、友だちから嫌われ、それから『普通に話ができないから、学校も職場にも行けない』と言い出したんです」

父親はいま、お互いにまとわりついて世間話のできる父子になりたいと願っている。

「それなのに私の弟まで『気楽な父親だ』とけなすんですよ。私は息子が働かなくてもいい。まずは気心の分かる関係になりたいんです。先生、これはどん詰まりのあきらめですかね」

少し弱気になった父親に、私は珍しく喝を入れた。「他人は勝手に言うときがあるよね。他人事だもんね。お父さん、いいよ、その調子だ」。世間話のできる父子に優るものはない。投げやりではない「あきらめる」は事の本質を明らかにすることになる。

「ほとけさま」につぶやく子どもの独り言

思いを素直に拾って

ストレスのSOSを知らせる独り言を言う子どもの相談が大人に劣らず増えている。また意識してみているためなのか、通りすぎる町なかでもそのような子どもを垣間見る。すねてグチっているならかわいらしいが、とぎれることなく一言一言荒い感情を吐き出す姿はなぜか切ない。

「少し薄気味悪いんですよね。ふと見ると部屋の窓から外に向かって、独りで勝手に笑ったり、ぶつぶつ文句を言っているんですよ。まっ、ちっちゃな声ですから黙って見過ごしていますけどね。言いたいことがあるなら言えばいいのにね。言えないんですかね」

心安らかでない父親がぶっきらぼうな語り口で、わが子を案じる。そんな相談に何度となく接すると、独り言の背後にある子どもたちの追いつめられた息抜きできない状況を推し量らないわけにはいかない。

お寺さんが経営するある保育園に講演のためにおじゃましたことがある。講演前、私と同世代の園長は法衣を脱ぎ、「やんちゃ坊主」に変身して、園内を案内してくれた。

園長は教室を回りながら近寄る子どもの頭をなでまわし、声を掛けていく。するといつからか1人のやせ気味の男の子が、私たちのやりとりに関心を持つかのように遠慮がちに後をついてきた。人なつこい園長なのにこの子をあまりかまわない。だが、それはそれで不自然ではなく、深い気遣いさえ感じるのだ。

ホールに案内されると、園長は中央に安置してある「ほとけさま」の扉を開いた。園長の合掌に誘われるかのように私も手を合わせた。そして、ホールに張ってあった仏教行事の写真を見ながら廊下に出ようとしたときだった。お供をしていた男の子が「ほとけさま」の前にちょこんと正座し、手を合わせてぶつぶつと〝独り言〟を言っているのだ。私たちの方を気にすることもなく。

「園長、あの子、様になっていますね」

私は少し緊張感を抱いたこともあり、照れ隠しで冗談っぽく言った。園長は、優しいまなざしをその子に向けている。

「ええ、何かあると、あの子はここにきて自分で扉を開け、ああして仏様と話しているんですよ。今も何か人に言いにくいことを仏様に報告し、聞いてもらっているんでしょう。さあ、行きましょう」

唐突に私は園長に尋ねた。

「親御さんは知っているんですか、このことを」

「一度、母親に話したら『バカな事を言っているんでしょう』と言われてしまいました……」

悲しげに見える園長の表情が、じれったさを表すかのように強ばっていた。

多くの独り言は悔しさやいら立ちで、〝言い訳〟したい思いの数々である。そして口にする言葉は「宇宙人が言っているようで分からない」こともある。心の奥底にため込み過ぎて部分的でつながらない表現でしか吐露できなくなっているのだ。こんな無力な立場にいるときほど、だれかにやりきれなさを「宇宙人」と言われようとこぼしてみたい。さらにその気持ちをそのまま素直に拾ってもらえてこそ、踏ん張る力もわいてくる。拾うというよりすくい上げる感じである。

「ほとけさま」は、子どもの独り言を諭したり、とがめたりはしない。言い訳を突き返すこともしない。

思いやりの食い違い

「捨て鉢の優しさ」求める

親子相談のほとんどは「思いやりの食い違い」にあるように思ったりする。親による思いやりの延長の励ましが子のふれてほしくないところを浮き彫りにし、子の反発を招く。そして子は子なりに親を思いやり神妙に振る舞ったりする。ただそれが親にとっては「その程度」に思えてしまい、また励ます言葉で傷つけてしまう。親子の切ない関係だが、このからくりに親が気づけば〝仲直り〟である。

高校2年の一人娘の〝援助交際〟を心配する両親が、「カウンセラーってどんな人」という彼女の何気ない問いかけをきっかけに親子そろって相談室に訪れた。

コギャルのいでたちの彼女は相談室の玄関に入り、私と目を合わすとニコッとほほ笑んだ。「あっ、かわいい子だな」が私の第一印象だった。

面接室の奥から父親、母親、彼女という順番でソファに腰を下ろした。相談内容については事前に母親から聞いていたため、当たり障りのないところから切り出そうと私はしていた。するとのっけから彼女が話し出した。

「何でも話していいんですか。どうせ私のことでしょう。お父さん、そんなに汚いものでも見るような顔をしないでよ。ここは相談室なんだから冷静に聞いてよね」

彼女は両親を完全に食っている感じだった。

「私、お父さんから侮辱されたこと話し始めたら1日じゃ終わらないわ。だいたい自分の娘にデブなんて笑って言う父親がいると思いますか」

彼女の問いかけは私に向けられた。少し驚き気味の私を見て、父親が口を挟んだ。

「それは、おまえがずっと勉強も手につかないほどそんなささいなことをつべこべ言っていたからだ」

彼女のため息に私はとっさに父親に言った。

「ささいな、って」

父親は関係を取り戻そうと励ますつもりで言っているようだった。ただ「ささいな」という表現が彼女のデリカシーに対する配慮に鈍感だった。

父親は「また言ってしまった」という後悔を漂わせるように押し黙った。

「私だけじゃないわ。お母さんにも〝無知な女ども〟って言ってたじゃないか。でもお母さんはそんなお父さんでもよかったみたいだけどね。私が怒ると『口が悪いだけ、心は優しい人』ってかばっていたもんね」

彼女は、母親をかばいつつも父親には無愛想だった。

「私、頭悪いし、太っているし、もてないし、ガングロで隠すしかないじゃない。だからマジでこんどお父さんが言ったら殺してやる、と思ったこともあるのよ。でもそれもばかばかしいでしょう。捕まるのは私だから。私がお父さんを無視したからお父さんも話せなくなって助かったのよ」

私は父親に対して正直に気持ちを吐露する彼女に「ありがとう」と言ってほしかった。

そのとき母親が遠慮気味にこぼした。

「あれはお父さんの励ましよ。下手なの」

「当たり前だ。腹の底から自分の子をけなす父親がいるもんか」

母親の言葉に誘われるように父親もそうつぶやいた。

「顔も悪い、男子には無視される、そんな私にどうしろっていうのよ。苦しんでいる自分の子を励ましてどうするつもり。逃げているだけじゃない、ごまかさないでよ。私だって女として優越感にひたりたかったのよ。親が心配しているそういう人って、友だちじゃないけど、でもそばにいてくれるのよ。黙って」

子の無力さを〝励まし〟でごまかすしかない親の姿に接しつつ、危険な瀬戸際に立っているだろう彼女はどんな葛藤を抱えているのか。その孤独感、寂しさが親に突き放された捨て鉢の感情とともに他の関係の中にその場限りと思いつつも優しさを求めていったのかもしれない。ただその事実は親の臆測で交わされ始めたこと。彼女の言葉としては語られることはなかった。もしかしたら親に心配をかけることも、彼女なりの思いやりだったかもしれない。この心が感じとれたら「還る家」の基礎づくりが始まる。

お寺の若奥さまの悩み

「寺族」の前に「家族」を

「うちの方丈（住職）さんはお参りに来る人に『腹を割って話せば道は開ける』とよく言っていますが、自分の家のこととなると家族であっても腹を割って話せません…」

お寺を「町の開かれた相談室」にとの私の思いが縁となって寺院関係の方々との出会い

に恵まれた。そして特に「お寺の若奥さま」と言われる人たちから男女参画型社会とは遠いところで孤立している事実が少なくないことを教えていただいた。さらに若手僧侶はその妻たちの叫びに因習としがらみを抱え葛藤《かっとう》している。

ある研修会の後、住職継承から1年たった寺の「若奥さま」が「勇気を出して」私の相談室を訪れてくれたことがある。彼女は寺に育ったこともあって住職と出会い結婚した。そして2人だけの生活をあえて望まず、義父母との同居を選んだ。それは〝良妻賢母〟への自覚であり、寺に嫁いだ者として当然と思っていた。

ところが義母の夫に対する接し方に、頭では理解できても寂しさが募った。食事中、義母は常に夫を気づかい「これ、食べなさい」が口癖だった。彼女も夫の好みは知っているものの、義母から食後に「あの子は味にうるさいのよ」「お寺を継いでもらう息子だから」と言われると何も言えなかったという。

「私は嫁であり、娘にはなれません。義父は名の知れた僧侶ですが、家庭人としては何もしない人です。そんな義父に義母は言われたことしかやっていません。だから私は『自分の夫をもっとかまってあげればいいのに』と心の中で思ってきました」

彼女は、わが子が誕生すると、親子の世界をつくることで義母との距離もできたため、夫への世話焼きにも腹が立たなくなった。

「でも、先生、男って鈍感なんですか。いや私の夫だけかもしれませんが、『あなたの妻はお母様なの？』って言いたい私の気持ちが全然分からないのです。どうして夫は自分の汚れ物だけを探し出し洗濯する義母をしかれないのでしょうか。私がそれとなく義母に文句を言うときまって『恥ずかしい姿でお勤めさせたくないから』と言われてしまい、それを夫に話すと『そんなささいなことで』と笑うのです。それに最近では後継者だからといって孫の子育てまで私に注意してくるのです」

義父から夫への住職継承がすすみ1年間。その間の変わらぬ現状を彼女は悔しさを込めてこう言う。

「私がいくら頑張っても、お参りする皆さんの〝お寺の奥さま〟は義母なのです。仕方ないとは思いますがせめて夫だけには当たり前の顔をしないで『ありがとう』って優しく言ってほしいのです。『私はお寺と結婚したんだ』とあきらめたような言い方をする義母のようになるのが怖いのです。これって愚痴ですか」

悩みにならないような話さえできないのが寺族の悩みと彼女は言う。「夫に立派な方丈さまになってもらうより、気楽に腹を割って話せるようなお坊さんになってほしいんです。

そんなお寺を一緒につくっていきたいのです」

私は彼女の「寺族」である前に「家族」であってほしいとのいじらしさにふれた。僧侶の説教や法話では「ほとけ」の子育てを母親の「慈母」で強調することがある。ただ現実はジェンダー・フリーの中で母性は母親、女性だけの〝特権〟ではなくなっている。

成人式の約束

存在証明を求めて

「クラス会の案内状の欠席欄に丸もつけられず、机の中にしまったままです。出したら『元気です』とうそを書くことになるし、話題にされるかもしれません。もちろん返事を出さなかった僕が悪いんですが。今年の年賀状はついにゼロでした」

A君(20)はまるで、「年賀状の数が友だちの数」と言わんばかりに、相談日を電話で伝える私にこぼした。

「父親と約束した『二十歳になったら何とかする』も言い訳がましくて、『成人式まで』に変えてもらいました。クラス会にも出られない状況ですから…」

こんなA君を知っていたのは夜になって買い物に出掛けるコンビニのレジのお兄さんと私。それと「たまに家の中で出会う妹と両親」だけだった。そして彼はレジのお兄さんには「危険人物」とマークされているのではないかと思い、だんだん目を合わすこともできないでいた。自分に対する内なる偏見が自らの心に「監視されている」感覚を招いてしまったのだろう。

「3年間も髪を切っていない僕には成人式のスーツや晴れ着姿の友だちが怖いんです。きっと『おまえ、何やってんだよ、二十歳だぜ』と言われると思うんです。だからクラス会なんて、とっても出られません」

なにか世代から置き去りになった身の切なさが聞こえてくるようだ。彼は成人式の意義をうんぬんする前に、引きこもる生活の中で同世代とのコミュニケーションが取れなくなった事実にさらされていた。

増え続けている不登校、高校中退の子どもたち。「その後」を暮らす彼らの中には教育の場からスポイルされ、「ドロップアウト」と強がってはいてもA君のように自室に引きこもり続けている例がある。

デジタル文化に身をおくことでやっとコミュニケーションを維持し生き延びている若者もいる。だがその日々は生身の人間同士のやりとりを希薄にする。いつのまにか自分は他人から「相手にされているのだろうか。頼りにされる存在でいるのか」が不安になってくる。口幅ったい言い方をすれば満たされない自己肯定感である。すると空想の中で生きている実感を解消するしかないという心境にもなる。

その戸惑いを「かまってほしい」と甘える余裕はなく、嫌みや悪態で訴える〝努力〟をする。だが、親はそれを「必死でコミュニケーションをとろうとしている。認めてほしいんだ」とは思えない。

「もう、ぼつぼつ二十歳じゃないか。学校が嫌なら働け。いつまで親のスネをかじってブラブラしているんだ。親はいつまでも生きているわけじゃないんだぞ」。息子に向けた父親の老いの一言は、命がけであるだけにときに情け容赦ない。

頼みの親とすらコミュニケーション不全となる、引きこもる若者たち。

コミュニケーションも子どもと呼ばれる時代は受け身でいられるが、「成人」と言われるその日からは能動的であることを意識し求められる。

「存在証明がほしくて。今年は残りの大検（の科目）をとって通信制の大学にとりあえず入ろうと思っています。身分証明書があればレンタル店にも行けるじゃないですか」

A君はコミュニケーション不全に苦労しているが、あきらめてはいない。その努力を成人式にあたって通信制大学につなげようと思っている。

「ごめんね」が言えない

友だちの弱みを探してしまう少女

「中3で受験という大きな壁があるのに、私はそれよりもはるかに苦しい思いをしています」

A子さんはこみあげてくる悲しい感情に取り乱されないようにと冷静に話し始めていた。

「負けず嫌いなんです。だから中学生になっても新しい友だちはできませんでした。結局、幼なじみのB子ちゃんが唯一の親友だったんです。でもそのB子ちゃんまで失ってしまったんです。話してもいいですか…」

Ａ子さんにとって「友だちができない」という悩みは受験生という状況だけで逃げ切れるものではない。

「私は素直にあやまることができないんです。罪を認めると、それですべての反論は許されないように思えてしまうんです。だから自分にとって都合のいい友だち関係をつくるためなのか、相手の子があやまってくれるまで負けないところがあるんです。反省しているな、と思っても言葉にするまで追及しているんです」

心のなかではいつも友だちと仲良くしていたいのに、一方で友だちの弱みを探してしまう。Ａ子さんは自分を「イヤな性格」と言った。

彼女は小さいころから好奇心がおう盛で目立ちたがりな子だったという。もちろんそれは友だちから「支持されているかが不安」な裏返しでもあった。どうしてそのようになったのかは今もはっきりは分からない。ただいつも「『○○家の子どもなのにどうして』と他人から言われないようにね」と家族からしつけられていたことが、心残りのようでもある。

「女の子は秘密の話が好きです。秘密の話をすれば仲良くしてもらえるかもしれないと思っていたんです。『秘密にしてね』と言うと、たいていの子は『うん』と言いながらほかのだれかに話します。『みんなやっているからいいや』という軽い気持ちで私もB子ちゃんの秘密をほかの子に話したんです。ばれた後にB子ちゃんは『何で言ったの！』と私に怒りました。でもそのとき私はあやまるより先に『あんただって私にほかの子のことをバラしているクセに！』と言ってしまったんです」

落ち込んだA子さんは、母親に悩みを話した。「だれにも言わない」と言っていた母親が担任に相談したことが追い打ちとなった。

「私よりも嫌な性格の子はたくさんいるのに、どうして私だけがB子ちゃんにも母にも『悪者』呼ばわりされなければいけないのですか」

強がりは報われなさをくみ取ってくれる言葉を待っている。

「いつも声をかけているのはB子ちゃんよりもあなたの方が多いのにね。本当はあなただって…」

私は語尾を濁してA子さんの気持ちを問い返した。

「悪いと思っているんです。でも『ごめんね、ありがとう』って言いにくいんです。弱みにつけ込まれそうで自信がないのです。こんな気持ちを友だちに言えたらいいのでしょうか」

受験勉強と同じで、やるべきことは分かっていてもできないときがある。きっとその時間は自分が「自分の逃げだしたい気持ち」を肯定し、吹っ切れる勇気をため込んでいるときに違いない。「ごめんね」と言えない自分なのに今も関係を絶たずに付き合ってくれている。そのことに気づけたら素直に「ありがとう」と言える。「もう助からない、ダメだ」と不安におびえるときがある。でも「今」は助かっている。こんな感覚で日常に勇気を取り戻して過ごしていることをたまには親子で語っておきたい。

病気の「克服」から肯定へ

葛藤を受け入れて生きる

逃げ道をつくるというわけではないが、「すべての事柄が自分の人生を切り開いていくために必要だった」と思えたら、肯定的な一歩を踏み出せるのではないだろうか。つまり、まわり道したこともすべて今、生きている自分に経験として生かされていると受け止めることである。

精神的な病に苦しむ二十歳の若者と約3年間面接し、結果として最終回になったある日。彼は私にこう言った。

「先生、もう病気を『克服』するような意味での面接はやめてください」

彼は私との3年を振り返って語った。

「僕は本当によくここまで生きてこられたと思います。高校卒業も3年遅れ、就職先も見つかりません。でも、命を絶つことなく、病院にも通い続けてきました」

「僕は自分の病気を『克服』しようとしてきました。でもこのごろは、そのことが自分を否定しているように思えてきたのです」

「僕は病気を自分のものにしていなかった。どこかで、排除しようとしていたのです。だから先生との面接に来るたびに『治らなければ』と思ってしまい、苦しくもありました。いつも『次回は土産話（良くなった）を持ってこよう』と思って帰るのですが、予約の日が来るとうそっぽくなって…」

この時、私は彼の病を「異質」なものとしてとらえ、その葛藤《かっとう》を「解決」することが心を鎮めることになると思って面接してきたことに気づいた。彼の言葉は、葛藤を持ったままの自分を受け入れることが、決してあきらめることでなく、肯定的に生きることであると教えてくれた。

私は自分の無神経さに、その場から逃げ出したいほどの恥ずかしさを抱いた。私自身が彼の病を「あるがままの存在」として肯定しきれていなかったのだ。私は彼と面接するたびに「克服」「解決」ばかりを迫っていたようである。

肯定するとはどういうことか。私は彼が訴える症状ばかりにとらわれて、その確認から面接を始めていたのだ。「よく眠れている?」「食欲あるの?」等々。うまく表現できないが、それは彼の抱える葛藤を否定的に見ていたことになるかもしれない。

「ずいぶんと『罪』な時間を付き合わせてしまったね。克服しようとすれば君が君でなくなっちゃうんだよね」

彼は私の言葉を引き継ぐようにつぶやいた。

「今日まで先生が一緒にいてくれたから、僕はそのことに気づけたんです。僕は他の先生から『こんなに手のかかる子は初めてだ』と言われた子どもです。何度来ても克服できない僕を先生が拒否しなかったからです」

肯定できたからと言って、彼の症状が楽になったわけではない。だが、生きる実感は十分に見つけられていた気がする。

診断や症状を聞くと先入観にとらわれてしまうことがある。すると「理解」が偏見を招くことにもなる。そんなときは「症状にも意味がある」と思い直して心のふしぎさを分かちあうように努めている。その「意味」とは「生活している」様子をていねいに深く聞いていくことである。

子が「なつかない」と悩む父

「直線的」なかかわりを

妻に懇願されて私の相談室を訪れた父親たちが、腹を決めて正直につぶやく一言がある。

「先生、子どもが、なつかないんです」

人は、そうたやすく胸の痛みを明かせるものではない。ましてわが子の子育てについては、照れ隠しであえて失敗談を語ることはあっても、「親子でしか乗り越えられない苦しみを他人に話してどうにかなるのか」という思いは強い。

「どうせ恥をかくなら、言わないで自分たち家族だけでなんとか解決の道を探ろう」と妻を諭す父親は想像以上に多い。

一方の妻は、日々子どもの現実と〝直線的〟に向き合い、「母親である自分」を意識せざるを得なくなる。そして、わが子の幸せを思うほどに、人の目ばかりに気を取られ、人と比べて生きている自分が悲しい存在に思えてくる。

子どもととかく間接的なかかわりになりがちな父親は、この「子を想《おも》う母親」の姿に刺激され、自分と向き合い始める。相談室に出向いてまで子育ての孤独を訴える妻が不思議かつふびんに思え、そしてけなげに見えてくる。それは、父親が重い腰を上げ、わが子と、直線的なかかわりを始める時でもある。

すると、子どもから「いきなりおやじ面するなよ」と言われ、父親は「なつかない関係」になっていたことにようやく気づくのである。

子育てについて初回面接に訪れるのは、圧倒的に母親が多い。父親はほとんどいない。もちろん母親が暇というわけではないし、父親が子どもに無関心というわけでもない。子を想う親の思いの深さに差はない。あるのはただ、子どもと過ごす時間の差だけである。生き地獄のような親子の葛藤《かっとう》を抜け出すには、取り繕った間接的で「他人事」のかかわりは通用しない。ドジもいっぱい重ねる直線的なかかわりでしか、人は人を信じない。それは「けんかしても（あきらめなければ）仲直りできる」という信頼関係の基礎づくりでもある。これは、子どもが親から学ぶ人生哲学の一つである。「子育てにマニュアルはない」という言葉は、髪振り乱しても子どもとかかわり続ける覚悟をした尊い親の心をとらえている。

わが子から「なつかない」関係を突きつけられた父親も、相談室を訪れるうちに、いつのまにか弱気な自分を見せつつ、子どものちょっかいにほほえみで返すことができるようになる。

「先生、子どもがなついてくれました」。父親たちが長い道のりを振り返り、子どもに感謝するかのように喜びをつぶやく。「なつく」は「懐く」「懐《ふところ》」である。父の懐に飛び込んだ記憶の無い私が父の膝の上で抱きかかえられている写真を見たのは亡くなった後だった。

「いい子」の葛藤

すごみも見せたかった

私は小さいころから、緊張する場面に接すると、ひょうきんでのぼせやすい子だった。その場の張りつめた空気を和らげようと、努めてふざけた。照れ隠しだから、ふざけたことを本気にされたり、天真らんまんな子と見られると、寂しい気持ちになった。

その気持ちを素直に言えばよいのに、自分と向き合ったり、トラブルが起きたりすると修復に自信のない子だった。だからその場に対立が予想されると、真剣に向き合わなければと思っても、笑ってごまかすことに努めた。小学校の高学年になると何となくそんな自分が嫌いになった。

親子3人暮らしの中で両親はよくけんかする夫婦だったので、私は険悪な状況を察すると〝調子者〟に励んだ。2人にすり寄りご機嫌をうかがうのだ。そんな時「へらへらするな」と両親に言われると報われなさを抱いた。だが「いい子」をやめなかった。トラブルを起こした後の修復へのプロセスを考えたら、「いい子」でいる方が楽だった。その一方で「いい子に甘えるな」と言い切れるようなすごみのある人間になりたいとも思っていた。

意地も見せたかった。

小学校5年生の時だった。理科の授業で自然環境について教えていた教師が、校庭で松の木を伐採していた私の両親を見て教室の同級生たちに言った。

「自然を大切にしなければいけないね」

まき屋だった両親は町役場から伐採を頼まれて来ていた。しかし、私はその瞬間、両親にその場から消えてほしかった。私も教室から逃げ出したかった。教師や級友の笑いも、嘲《ちょう》笑に思えた。

「ふざけるな。そっちから頼まれたのでわざわざやってあげているんだ」と両親を理科の〝教材〟にされた怒りを教師にぶつけたかった。半面、言った後の険悪さを考えると「へらへら」笑ってその場の難を逃れる方が楽でもあった。今にして表現すれば「何も抵抗しないのは、自分の弱さに逃げ込んでいることにならないか」といった思いを抱え、私は葛藤《かっとう》していた。すごみを見せたかった。

小心な私だが、授業が終わって教室を立ち去るその教師に声をかけた。

「先生、あの…」。そう言って教師を呼び止めるのが精いっぱいだった。

「どうした」。

私は、教師のあまりに迷いのない落ち着いた返事と態度にすくみ「へらへら」するしかなかった。あらためて言うまでもないが、教師は私たちが親子であることを、小さな村のことで知っていた。

あれから何十年もたつが、私は今でもこの「心の癖」が時々出てしまい、緊張感が増してくるとどこで学んだのか「落ち」を入れて乗り切ってしまう。年齢も重ねているので心の辻褄を合わせる手立てが身についたのかもしれない。相手に嫌な思いをなるべくさせないで私の気持ちも伝えたいと思っている。そして嫌だなと思う相手に出会ったらその人の人となり（人格形成）に心を寄せていくことで照れ隠しもしないですんでいることもある。

ただそれにしても日常的に付き合うことはあまりないが、過激でストレートに感情を出すすごみのある人には今でもあこがれることがある。

問題解決の主役は

急いで結論づけないで

「私、〝引きこもり〟だと思います」

最近、カウンセリングや心理学、あるいは精神医学でたまたま言葉にされた「専門用語」を使い、問題解決を他者に預けて思考停止してしまう人が増えているように思える。ときどきだが「私、ＡＣ（アダルトチルドレン）です」と相談室でいきなり話し出す人にも似ている。

今の状況を時代のキーワードでくくってしまい、人間関係に対する多様な見方、可能性を狭めているように思える。そこには、そんな心理状態に至った人との関係づくりを、手間をかけて見つめ直すことへのまどろっこしさが感じられる。いや、知的な言葉で〝おしゃれ〟し、自分に向けられる批判をかわしているとさえ思うこともある。

他人には、勝手に自分を分かったかのように決めつけて「Ａタイプ、Ｂタイプ」とくくられたくないのに、余裕をなくすと自分に合った言葉で安堵《ど》したくなる。「私、引きこもりです」と自分が言う分には腹も立たない。

落ち着くためにはひとまず結論づけることも無理からぬことだが、あくまでも変わり得るもので、最後は人に預けてどうなるものでもないことを自覚しておいた方がよい。定義や基準によりかからず、本来はもっとごちゃごちゃと語り分かちあってみることが大切である。

似た話で恐縮だが、小さな子を持つ親御さんに、「うちの子はＬＤ（学習障害）なんです」「多動で注意力もなく衝動性も目立ちます。ＡＤＨＤ（注意欠陥多動性障害）だと思います」と自ら診断している方がよくいることを実感するし、耳にもする。かつて「微細脳損傷」という名もよく親御さんから聞いた。このごろは、親向けにわが子の心理や性格を評価するテストまで「早期発見・治療」として市販されている。

その治療の多くはカウンセリングに期待を寄せている。さらにいわゆる専門家にこう申し出る人もいる。「専門的な治療が受けられ、専門的知識を持ったスタッフのいる施設に早く入れた方が子どもも幸せですし、親も不安から解放され、落ち着いて生活ができると思うのですが…」と。

もちろん、私は治療の援助を必要とすることを否定してはいないし、親子ののっぴきならない状況が分からないのでもない。ただ、これから築きあう親子の関係性を専門家に預けた形で踏み出すことに、ためらいが見えないのだ。大人の都合で子どもをラベリングしているとしたら「手をかけ、目をかけ」していく子育てを失うことになる。

ましで、それが時代をリードする〝流行〟のキーワードだとしたら、後に「手のかかる子だった」と絡み合い肯定していく人間的かかわりの少なさを悔いることになる。何でも横文字にしたり、目新しい言葉に置き換えることを急がない方が良い。

私には、カウンセリングは関係をあきらめない「かかわり」だと思えてならない。

自分の道を探す孫を応援

仏門に入った孫

信じられなかったらあきらめるしかない。あきらめられなかったら信じるしかない。そして、信じることなくしては向き合う意味はない。さらに信じるとはそれがどんな方向に進んでいこうともつながりを忘れないことである。

ある若者の祖母から手紙が届いた。やわらかく優しい筆の運びが懐かしい。私が2人と、さらに彼の両親と一区切り付けて面接を終えたのは、何年も前のことだった。若者は高校1年で学校を休み始め、人間不信に苦しみつつ何とか卒業した。

母方の祖母は遠方に住み、たまたま目にした私の新聞記事を頼りにして縁が生まれた。若者は面接に来てはくれたが、話してくれることは少なかった。そんな孫である彼や両親の対応を気遣い、祖母は時々私に手紙で相談を寄せていた。

「その後、孫はわが家に1年半ほど住みました。しかし、帰京後も目的意識はなく引きこもり、親や妹をそれぞれに苦しめたと想像しています。部屋にこもり、自分の好きな音楽を聴き、そしてこれだけは今から考えますと神仏の導きかとも思うのですが、宗教関係の雑誌やテレビを熱心に見ていたようです」

「昼夜逆転の中で、時折古本屋に出かけては1冊50円などの何やらそれらしい本をいくつ冊も買ってきて、読むでも読まないでもない、あてのない日々を過ごしていたようです」

祖母はきっと両親と離れ、環境を変えることで孫に立ち直ってほしいと願い、引き取ったのであろう。もちろん彼自身にその決意がなかったら、住み慣れた土地を離れることはできない。しかし、心の決意が目に見える形で周囲の人に〝プレゼント〟できるとは限らない。他人には情けないほど「あてのない日々」に見えても、本人自身にとっては、「葛《かっ》藤《とう》の日々」であったはずである。

信じて裏切られたと思うなら期待のかけ過ぎ、独り善がりだったと悟るしか祖母には手立てがなかったようでもある。

「彼が一昨年、仏門に入ったきっかけは、父親が知人を頼り、そこで出会った僧侶《そうりょ》との縁でした。その話が決まる前、彼は『おばあちゃん、ぼくなんか、生まれてこなければよかった』と暗い目で私に嘆いていました」

「孫の修行の地は、行者の本拠地とのことです。何とか私も1人で訪ねました。師僧にお会いすると、そそっかしいのでよく茶碗などを割ったりするようで、冷や冷やしました。が、とにかく彼の明るい笑顔、うれしそうな姿。生きていて良かったとつくづく思いました。私、泣きました。(お許し下さい)。先はどうなるか分かりません。しかし、彼は今、何とか己の生きる道を求める所にあると信じ、ただ合掌あるのみでございます」

信じ切れなくても、その現実から逃げないで向き合ってきた孫や祖母らが尊い。

「サイン」に込めた子の思い

「見捨てないで」瀬戸際の気持ち

「いろいろと思い悩んでいましたが、やっぱり相談に伺ってよかったです。そんな見方があったんだ、と気が付いただけでずいぶん方向性が私なりに見えてきました。おっしゃる通り、息子がいじらしく思えてきました」

中3の二男の不登校に悩む父親(50)が初回面接に訪れ終了時間を前にし、つぶやいてくれた一言だった。

「そうなんです。まず息子さんというかわが子のいじらしさに気が付くことが大切ですね。そして素直に感じた心を言葉にして返していけたらいいんでしょうね。いや、言葉にしなくても、少しその場に黙って立ちながら『おまえって子は本当に優しくて、いじらしい子だな』と心の中で言えたらいいんでしょうね。でも、毎日、思うようにならない子どもと余裕のない中で向き合っていると、親の報われなさばかりが募ってしまい『いいかげんにしろ』ってしかってしまうんですよね」

こんな私の嘆きというか愚痴のような話にも父親は望みが見えてきたようにうなずいて

くれた。

カウンセリングを受けたからといって、心理学を学んだからといって、抱える事実がすぐに魔法をかけたように変わるわけではない。だがそこで押し付けや、強がりではなく素直に気づけたことが、その後の人間関係を変えていくことは確かである。

不登校を始めて1年になる二男はその経緯をまったく家族にも担任にも話すことはない。語ることを迫ると関係を遠ざけるので、父親は数カ月前までは静観の態度を取っていた。ところが年度が替わり最終学年を迎えることもあって、父親には二男の「だんまり」が許せなくなった。

「過去はあえてもう聞かないから、これからどうするのかを話し合いたい。高校への夢もあるだろう。学校が嫌ならほかの道も考えなければならない。親の心配も分かるだろう」

父親なりに〝勇気〟を持って言ったアドバイスも「効果なく」、3年生になっても登校することはなかった。

「何があったか知らないが、おまえは現実から逃げている。もうお父さんからおまえに声を掛けていくことはしない。ただ父親として息子であるおまえに伝えなければならないことはある。これからノートにそのことを記録し渡すから、読んだらサインをしてお母さんに返しておいてくれ」

二男は父親の指示通り自分の名をサインし続けた。そして父親はサインしか息子との関係がないこの寂しいコミュニケーションの取り方に悩んだ。そんな迷いの中での面接だった。

「お父さん、当たり前ではないですよ。会社の業務報告や稟議書ではないんですから、普通ならサインなんかしませんよ。そのノートを破り捨てますよ。息子さんはお父さんになんとか見捨てられたくないと、瀬戸際でサインしているんですよ。いじらしいですね。きっと卒業しても言えないことがあるんでしょうね。私たちだって悔しいけど胸に納めてあの世まで持っていくことがあると思いますよ」

私の力を込めた思いの言葉に目元を潤ませた父親が私にはまたいじらしかった。

同居の義姉とのあつれき

はっきりしない態度も関わっていること

講演先で配布されたアンケート用紙に参加の思いを記し、その裏に今抱えている逃げられない悩みを走り書きした一文が私の手元に届いた。差出人の女性（33）は私が話の中でこぼした「人を憎んだり恨んだりし続けていくことは大変疲れるものです」の一言に心が揺れたという。

…私の家は夫と子ども2人、そして夫の両親、夫の姉の7人家族です。同居して3年目になります。

ところが私はその義姉（38）とは1度も顔を合わせて話したことがありません。部屋にほとんど閉じこもったままです。

私は義母に「あなたの顔を見たら吐きそうだと（義姉が）言うので会わないようにしてほしい」と言われました。そのことに私は深く傷つき悩み、夫に相談しました。夫は「どうにもならない。あとで自分が困るだけだからほっておけ」と言いました。

義父には「猫がおる、と思ってくれ」と言われました。また義母は「夫（義父）の妹ということに近所ではしておいてくれ」と言いました。

ひたすら隠すだけです。

義母は私に義姉と比べて「あなたよりも素晴らしい考えを持っている」とか「あなたよりもできた人間だ」と言ったりもします。

私ははじめその言葉だけにとらわれて大変悩みました。でも知人に話を聞いてもらったり、先生の本（拙著）を読むうちに義母も義姉のことをとても悩んでいる人だ、と思えるようになりました。

ひたすら部屋で寝ている義姉。

私の子どもはどう感じているのだろうか。

義父母ももう65歳です。隠しながらこのままいくのでしょうか。それでいいのでしょうか。夫は「親がそれでいいと思っているのだからどうしようもない」とあきらめ口調です。

私はなにかふっきれない思いです…。

人はみんな避けようにも避けられない現実を背負って生きている。そして理不尽と思えても波風立てず、その苦悩に耐えることで取りあえず今日は雨露をしのいで家族でいられることもある。その緊張感、心細さ、不安から誰かを責めないではいられないことも事実である。

読者の中にはこの女性はどうして子どもを連れて家を出ていかないのか、と疑問に思う方もいるかもしれない。しかしそこには他人では分からない家族のしがらみから逃げられない当事者の葛藤がある。なぜなら悩みは1人では起きようがないからだ。関係の中で起こっている。

ときに他人事のように振る舞う夫、義父、嫌みを言って義姉に近づけまいとする義母。しかし誰もが、この家から義姉から逃げないで葛藤を抱え生きている。そこに理解を寄せていこうとした時、他人から身内になってきた彼女の心は踏ん張りに変わるのだろう。そしてその優しい母親のまなざしを2人の子どもたちが見過ごしてしまうはずはない。

犯人さがしからは何も生まれない。しかしその心の余裕（ゆとり）は、ぐちを言う彼女に、ただうなずき聴き入る知人がいればこそである。離れていれば恋しくて、近づきすぎるとうっとうしい。そのバランスは家族だけに埋没していてはつかめない。

姿を消した父親

母親に心配をかけまいとする子

気負うと声なき声を聴きもらしてしまう。しかし気負わないとその苦しさにつぶされてしまうこともある。けっしてその声に無頓着であったわけではない。だから気づいた今日から〝はじめの一歩〟である。

連日の猛暑に日焼けした顔を気にしながらA子さん(29)が話し始めた。

「こんな身近なことをわざわざご相談することもないと思いますが、実は長男(4)のことで…」

彼女は1年前に離婚し、長男、二男(2)を実家の両親に預け隣町の清掃会社にフルタイムで勤めに出ていた。

「先日、保育園の先生からお便りをいただいたんですが、その中に気になることが書いてあったんです。長男が『ぼくには、おとうさんがいない、いない、いないんだよ』と保育園の友だちに言い張っていたというのです。いじめられたということではなく、長男が自分から言いだしたようで、『おじいちゃんはいる。おじいちゃんがパパだ』と何度も言っていたそうです」

A子さんは言葉に詰まり涙ぐんだ。長男にも聞きにくいので真相は分からないという。

「長男はこれまで私や両親にも父親（前夫）のことを口にしたことはありませんでした。それに変わったこともなく、今もずっと私たちの前では元気で楽しい子なんです。それだけにショックでした」

前夫が二男の誕生を前に妻子の前からこつ然と姿を消したのは長男が2歳のときだった。今は車で15分程度のところのアパートに一人暮らしする前夫に彼女は何度も話し合いを呼びかけたが、「やり直したい」という返事がなかったので正式離婚した。

「とにかく心の内を語らない人で、子どもが誕生してから無口になった気がします。長男には父親との記憶はあると思いますが、離婚については話してありませんでした。もう2人の子は父親とはまったく会っていません。また父親からも『会いたい』と言ってきたことはありません。そんな薄情な人ですから、早く忘れて母と子で力強く生きていこうと思ってきました。初めは友だちに清掃している姿をみられるのは少し恥ずかしかったのですが、今は平気で前夫のことも忘れることができました。でも子どもたちは父親の存在をこうして気づかされていくんですね。そう思うと胸が苦しくてつぶれそうになるんです。

私1人だけが元気になっていたんですね」

周囲の援助を受けながらも、つつましやかに力いっぱい生きてきたA子さんのあらたな試練であり、母子関係を築く気づきであった。彼女は長男に離婚の事実を伝えることに迷い、さらに「父親がいないことに負けない子でいてほしい」という願いが、わが子の素直さを奪ってきたのではないかと気落ちしていた。私は彼女の切ない思いを必死に受けとめることに努め、ふっとこう言葉をこぼした。

「あなたが素直に自分の心を話せる日が来るまで、あせらないで話さないことです。母親に心配をかけまいとする子どもの心に気づくってすごいことですね」

〝いい子〟の報われなさに無頓着でない限り、子は親を慕い続ける。

泣き虫と強がり

踏ん張る努力の証し

誰も好きこのんでぐずぐずめそめそしているわけではない。人はにっちもさっちもいかない気持ちを抱えたとき、一人勝手に涙が出てくることがある。しかし、そんな悔し涙も何度もみせられると、親ですら〝泣き虫〟と揶揄《やゆ》してしまうこともある。そのとき悔し泣きに寄り添えない自分の無力さと向き合うならば、その〝泣き虫〟の涙がその子の生きる肥やしになっていると思えてきたりする。

エリート街道から「二束三文」扱いで出向の身となったという父親（50）が妻を伴い相談室を訪れてくれた。けわしい表情の父親は私への質問をメモしようと身構えつつ話し始めた。

「長男の心理を知りたくて教育書を読み返しました。結論は子育ての甘やかしでした。高1にもなって母親に不平不満ばかりの長男を私たちが鍛え直せるかどうか。甘やかした母親にそれができるか…。その道の専門家に相談した方がいいような気持ちもあって…」

強がった言い方ではあるが、私には親としての無力さにうちひしがれた悔しい思いが伝わってくる。

長男の〝問題行動〟は小学校の高学年になって表れた。人に優しいが正義感が強すぎてすぐケンカ。中学生になるとさらにエスカレートしたが、父親は学力に満足していたので「将来に期待していた」という。長男は1時間半もかけて通う高校に進学した。

ただ気になることは、中学時代に腕力で強がり合った友だちから、まるで「逃げる」ように高校選択したことだった。

長男は入学後しばらくして、再び、〝正義感〟から対教師暴力を起こし、停学になった。2学期から再登校を許されたが「人が変わったように自宅に閉じこもり、ぐちだらけになった」そうだ。父親が苛《いら》立てば「死にたい」と泣き言を繰り返し、母親に「甘えきる」毎日。

長男について話す父親の目元は悔し涙で潤んだ。

「中学までは不平なんて言う子ではありませんでした。一本気で、自分の損得など考えずに、純に生きようと必死にがんばっていました。息子は一途で強い子だと思っていました」

すると、母親が父親の悔しさをいさめるように言った。

「あの子は出直すつもりだったんです。もともと気持ちの優しい子でしたから、無理して正義感を出していたと思います。味方になってくれる先生がいたら…」

「だからといっていつまでもめそめそしていることはないじゃないか」

父親の思いあまったひと言に、再び母親が釘《くぎ》をさした。

「あの子もあなたと一緒。正直すぎて損しているのよ。あなただって昔は会社で頑張っていたようだけど今はおとなしく、家で強がっているじゃありませんか。でも、悔しいから会社はやめていないでしょ。あの子も退学はしないと言っているんだから…。私はあの子にまかせます」

泣き虫の涙は悔し涙であることを私は学んだ。そう思うと、泣き虫も強がりも、踏ん張る努力の証しである。

受験生の心の不安

否定ばかりのメッセージ

入試を迎える親子にとって、年明けの1、2月は気が張りつめ心に余裕をなくす。仕切り直して新たな帰属の場を選択することを強いられるためかもしれない。それも1人こっそりとでなく、みんなと一緒に評価の中に身をおくのである。自分の人生の選択を他人と比較してみる必要はない、と頭では分かっていても、悲しみ喜びの感情を抑えることはできず、不安が募るばかりである。比べると悩みは深まるばかりである。

すると「終生変わらぬ信頼関係」とは少しオーバーな表現かもしれないが、子は親に、いかなる状況になろうとも自分を無視しないでいてほしいというメッセージを送り出すことがある。その行動は、親にとって唐突すぎたりもする。

中3のA子さんは高校入試を間近にして「カウンセリングを受けたい」と両親を伴って、相談室を訪れた。時期が時期だけに、両親は来室前に、「カウンセリングを受けなければならないほどの不安」が何かをA子さんに尋ねていた。しかし、彼女は自宅では両親に打ち明けなかった。

「私が受験勉強をするようになってから、この家はすっかり変わってしまいました。正直言って両親がうるさいんです。ムカつくんです。返事するのも面倒くさいです。勉強、テストの点数、話といえばそればかりなんです。ほかに聞くことはないのか、と親を疑ってしまいます」

A子さんは相談室でせきを切ったように胸の内を語りだした。両親はあ然とした。まったく予想もしていなかった娘の訴えだったからだ。A子さんは公立の進学校を希望していた。そして、彼女や両親には、なんとか合格圏内にいる安心感はあった。

A子さんの声が少し震え気味になっていた。

「ねぇ、最近おかしいと思わないの。前のようにじっくりと話すことがなくなったと思わないの。妹の遊び友だちがこのごろ変わってきたことをお母さんは知っているの。勉強が小学校の時と違って思うようにできないで悩んでいるのよ。お母さん、私たちにお金がかかるからパートに出ているなら、塾はやめてもいいのよ。お父さんだって前と人が変わったよ。勉強できない子のことをあんなに汚い言葉で言ったりするお父さんじゃなかったよ。私、今までの楽しい家庭でいたい。これってわがままですか」

私にはわざわざ相談室に両親を誘ってまでして胸の内を話さなければならないA子さん

の追いつめられた心と、両親の気の抜けた表情があまりにも対照的で切なかった。

「だったらお母さん、パートやめるわよ」

「お父さんはお前の話を聞いていると、受験から逃げているとしか思えない」

A子さんの訴えを否定するしかすべのない両親を見て、私はA子さんが胸の内を相談室で話すと言った理由が分かった。A子さんは、ただ聞いてほしかっただけである。ただ、家族だけだと大事になるので、そこを避けたかったのではないだろうか。

優しくされると怖い

もがく吐息に気づいて

「家《うち》には民主主義がない。平等でない。だから親子代々の膿《うみ》を出すために不登校になった。小さいころから自分は守られた（かばう）という経験が1度もなかった。人の気持ちを考える余裕もなかった。いつも自分で自分を守る話し方をしていたら、そこから抜けられなくなった。いつか捨てられてしまうだろう、殺されるかもしれない、１人になるとそんな不安ばかりがわき起こって怖かった。」

〝九州男児〟として厳格な家に育ったＡ君が母親の紹介を受けて私と出会ったのは20歳のときだった。それから２年くらいたってやっと素直なこの言葉を聞いた。私は正直な気持ちを語ってくれたＡ君に感謝し、これからの展望を描いたがなかなか関係はすんなりとはいかなかった。

人に「甘える」経験が育ちの中で乏しく素直に折り合う術《すべ》が分からなかったのだろう。彼は祖父と父親、父親と自分、そして自分といずれ出会うであろうわが子との関係を〝親子代々の膿〟と表現していた。それは陰湿さを秘める主従関係にも似た家族の姿である。たとえば父親が自分の権威をかさに、妻や子を他人の前でも恥をかかせて平気な感覚である。これを、なんとか自分の代でＡ君は絶ちたかった。

「意地悪しない優しい家族」になるためには、外見の良さに子の不登校というくさびを自ら入れて、問題を起こし互いにせめぎ合う努力をするしか絶ち切る方法はないとＡ君は思い、その選択を小学校６年生でした。

しかしＡ君の願いは、社会的な立場もあるその家族からは弾《はじ》かれた。彼は無視されることへの怒りを暴力的な言動で対抗するしかなかった。そして親子関係の距離をとるために自立援助施設をたらい回しされる道を自ら選んでいった。

Ａ君は、「援助者」として出会う人を前にすると「この人間は自分を守ってくれる人間かどうか」を試すような〝癖〟を繰り返した。自己保身の主従関係の感覚を見つけだすと、ストレートに指摘するのだった。しかしそんなやり取りを強いてくる彼をかばい続けられる人も組織もなかった。

私にとって彼の呻吟する印象的な言葉がある。

「親も先生もカウンセラーも人を心配する顔がうまいよな」

そのストレートさに自分と向きあいこわばりつつも「不安なんだね」と余裕を取り繕う私に、Ａ君はさらに言う。

「おれの不安が分かるの…、教えてよ」

こうして彼の心を思いやって言った言葉を次々と取りあげられて私は窮する。次第に腹も立つが、カウンセラーという立場も意識して困惑する私に言った。

「おれは優しくされると怖いんだよ、冷たくされた方が楽なんだよ。カウンセラーならこんな事ぐらい分かるだろ」。

優しくされると裏切られることを考えてしまうので、いっそ初めから冷たくされた方が期待しないでいられて〝楽〟というわけである。こんな身の守り方を「民主主義」の根づかない家族の〝主従関係〟から彼は身につけて様々な人間関係を経てきたのである。だから素直に甘えることが怖くてできない。

関係が数年続いた。その後も何も話せなくなる私を「なんでもいいからしゃべろ！」と言って、ときに涙声にもなった。そして「もういいよ」と身を引いていく。

ただ立場は人を変えて育てる。その後、対人援助者になった彼は慕われる存在である。

子育て、教育の中でかばうべきときに、親や大人はその子の脆《もろ》さに釘《くぎ》さすように弱点を言い当ててしまうことがある。それが〝躾《しつけ》〟だとして権威的になされたとき、自己保身の膿はたまり始めるのではないだろうか。あなたの家庭は民主的ですか。

なんらかの心の膿を出そうともがく子の吐息に気づいて私から素直に甘える努力をしていきたいと思う。

親子に「卒業」なし

寄せる関心が家族の証明

そこに親子関係がある限り、子育てに、「卒業」も「納期」もない。よく高齢者も集う研修会に声をかけられて相談室から学んだ家族のお話をすることがある。終了後に感想を尋ねたりすると、こう言う人がいる。

「子どもは成人して働いているので子育てはもう終わっていますが、嫁や息子に話してやります」

「子育てのころに聞いておけば、もっといい母親になれていたかもしれません。親の言うことをきかなくなっているような年齢になって、じたばたしてももう遅いですね」

何かあきらめや投げやりのような言い方に聞こえるかもしれないが、その心を明らかにすれば心配の種は尽きない。

フリーのデザイナーとして自活する38歳の独身男性が相談室を訪れた。彼は80歳に近い両親と、大学卒業以来ほとんど無職で42歳になる2人兄弟の兄が同居する実家から、車で3時間くらいかかるところに1人暮らしして20年になる。父親は校長職で定年を迎え、母親は兄の出産を機に教員を退職し、専業主婦となった。彼は高校を卒業すると大学へ進んだ兄とは違って家を出てデザイン専門校に学び、その道の見習いも重ねた。

彼の悩みは、両親の老いと定職に就くことなく親の年金をあてにする兄へのかかわり方であった。

「両親は兄をしかることもなく、もうあきらめているようです。私もたった4人家族なので帰宅することに努力していましたが、兄の威張った態度に腹が立ち、ついケンカになるので気持ちも遠のいて今はほとんど帰っていません。でも私も40歳を意識するようになって、こんな親子、兄弟でいいのかと気持ちが焦りはじめたのです」

年齢でいえば4人とも「ほっておけばよい」分別わきまえた者同士である。しかし、他人でない家族関係だけに逃げられない不安もある。それだけに人を無視できない人間愛をそこに感じる。

「電話で母親に兄について尋ねると、最後は『こっちのことは心配しないで、自分の幸せを大切にしなさい。気にしてくれてありがとう』のひと言で切られてしまいます。私は家を出てからずっと、兄のことも両親にまかせっきりで、家族から逃げ続けてきただけではないかと思うのです。そして両親とも別れを迎えていくのかなって思い悩むのです。私が実家に戻ることを提案しましたが、兄も両親も賛成してくれませんでした」

彼は、兄のこともあって完璧に幸せな家族をめざすあまり、自分自身の新しい家族もつくれないでいた。そこに独り身の気楽さはなかった。

私は両親の彼を思う気持ちを察して言った。

「気になる存在として両親やお兄さんに関心を寄せている。ただそれだけでもう十分に家族であることの証明ですよ。親って、気にかけてくれるだけでうれしいものですよ。そんなあなたへの頼り方もあっていいのではないですか」

生きているだけで子という存在が親の励みになっている。兄は私ではない。私は兄ではない。されど仲良き関係でありたい。このようにして自分の心を自己一致できたら幸いである。

親子の「誤解」を解くには

心と体にふれあう努力を

思春期の親子相談を受けながらいつも思うことは、互いが不安や戸惑いの気持ちを交わしながらその場その場で「誤解」を乗り越えてきたという営みが希薄ということである。見た目の穏やかさや平和が、実は誤解を解いていくしんどさを先送りしたものであり、それがいつの間にか互いに「言っても仕方がない」というあきらめになっていたりする。そして、そのあきらめがくすぶり続けていたことに「うかつ」になっていたとも言える。まさに「問題のないことが問題」の親子関係である。

子が親を困らせたり、悪態ついているのは「不安の訴え」であり、親が子に怒鳴ったり、口うるさくなるのは、親の「無力さ」を突き付けられているからである。頭から互いに無視したり拒絶しているわけではない。そこを誤解しないでほしいのである。

私はその気づきを、特に小中学校の親子講演で得られるように努力している。私は講演の中に、日常生活で忘れられている親子の何気ないやり取りを組み込んでいる。

この日も茨城県の全校児童数百数十人の小学校にうかがい、1年生から6年生の親子に向けて講演した。小さな体育館には、それぞれに親と子がペアになって座っていた。
まず私はわが家でのやり取りから、外出するときに「行ってくるよ」と言っても、「行ってらっしゃい」と妻や子が返事してくれないと足が前に出ないで止まってしまい、出るに出られず〝立ち往生〟になるという話をアクションを交えて始めた。すると会場の子どもが、気持ちを返してくれた。
「私も確かに『行ってらっしゃい』とお母さんが言ってくれると、今日も楽しい1日になるぞ！と思ったり、なりそうだ！と感じます。言ってくれないと行けません。そのことが分かって感動です」（5年A子）
「私はけんかするけど『行ってらっしゃい。気をつけてね』と言ってくれるお母さんがいてよかったとつくづく思いました」（5年B子）
講演の最後は小さいとき両親に抱っこ、おんぶ、肩車をしてもらえずに、気がついたら親や大人に甘え方が分からずいつもけんか腰になるという少年の話を、あるおばあちゃんの話と絡めて締めた。そしてペアで、おんぶし、手をぎゅっと握りしめ、にらめっこをしてもらった。
「ぼくはおかあさんにだっことかあく手をしてもらったのははじめてです。おかあさん

があんなにやさしいなんて思ってもいませんでした」（2年Y男）
「おんぶしてもらえてよかった」（1年A子）
「弟のほうにお母さんがいったのでおんぶしてもらえなかった」（3年Y男）
「私はふだん話したりしていないので、どういうふうにすればいいのかよく分からなかったけど、おかげで分かってきました」（5年M子）
心と体にふれあうことをいつも努力していれば、誤解もくすぶることなく「還る家」が育っていく。

見失った素の自分

見守ることに「卒業」なし

その年の最初の家庭訪問は、小5から21歳になるまで、ほとんど外出したことのない閉じこもり状態の男性の若者だった。彼の母親とは初回の面接から10年。私は彼との面接を家庭訪問という形でずっと希望していたが、かなわないまま時は過ぎた。

もちろん彼は私以外の小・中学時代の担任、教育センターの相談員とも会うことがなく、関係は卒業式とともに区切りをつけていた。21歳になるまで母親は彼に声をかけてくれる人を探し続けた。

前年の暮れ、母親から私に相談の連絡が入った。母親は私の家庭訪問を彼に打診していた。その返事は「あっ、うん」と気の抜けたようなうなずきではあったが、承知してくれた。私は驚くとともに、千載一遇のチャンスに期待する母親の息づかいに緊張した。

彼の部屋は2階にあった。1階で祖母や母親と話を交わした後、私は彼が待ってくれているはずの2階に上がった。

「こんにちは」

「あっ、こんにちは」

彼は軟らかく返事すると、照れ隠しにパソコンに向かった。彼は自ら話すことはなかったので、手持ちぶさたな私は恥をしのんで一人芝居の「講演」をするしかなかった。その語りの中で自分の素性を明らかにしていくことにした。

彼は私のこの努力に同情というか、「慈悲」の心を寄せてうなずき、ほほ笑み返してくれるようになっていた。

「いつごろから外出することが怖いって感覚を持つようになったの？」

「小４のころかなっと思います。あっ、そんなことは考えてもみなかったです。これだけでも人と会うことはいいものですね」

私は抱えていた緊張感が、彼のこの親しみを込めて言ってくれた一言ですっかり取れていくようだった。

「ぼくは、〝手本〟だったんですよね」

「クラスの中で、それはきつかったね」

私は事実を問いかけつつも彼の小４のそのときの心情をくみ取るように想像力を膨らませて言った。

「手本にならなければいけない、と思い始めたら（登校が）怖くなったんです」

「そこで素《す》の自分、等身大の自分を見失ったんだね」

彼は「見失った」という私の言葉になにか気づきを得られたようにこう問いかけてきた。

「その素、等身大の自分を取り戻すにはどうしたらいいんですか。具体的に教えてください」

彼の心は旅立ちに向けて歩み始めようと身支度に入っていた。

「それはその苦しみを発信することだよ。その君の苦しみは君が語ってくれなかったら世界中の誰も分からないんだよ」

「ぼくの悩みはそんなに価値があるのですか」

「あるさ、知って救われる人もいるよ。ぼくもその一人だよ」

人は自分の「使命」とめぐり会うことで引きこもりから抜け出すことができる。その使命に迷う時期に引きこもりがあるのかもしれない。

形式的には卒業しても、その子どもの心を見守ることに〝卒業式〟はない。

気質は似ていても同じ生い立ち、人格の人はいない。それだけで人は尊い。だからもっと互いにその人となりを分かちあいたい。そして人は常にその人格を変えて生きていく。

「生きる意味」頭でっかちでは…

暴力を重ねる少年の問い掛け

人の生命も自分の生命も尊し、みんな生きる意味をもってこの世に誕生してきている。それは普段、人と人とがつながって生活していればそれほど深刻に考えることでもない。ところが人間関係が希薄になると、このことが感覚的に分からなくなり、どうしても頭でっかちで理解しようとする。しかし抽象的すぎるから言葉もうわすべりになる。

何度も生きる意味を追究しすぎて過ちを繰り返す二十歳手前の男性に私は面接室で次のように問われたことがある。

「人がいっぱいいるのに、よりによってどうしておれがこんなに罪（暴力）を重ねる人間に選ばれたのか。おれだってそんな人生を歩みたくはなかった。罪を犯すことがおれの生きる意味なのか」

まったく自己責任を棚上げしたへ理屈にも聞こえてくるが男性の心に共感してみれば人恋しさから過ちを重ねている様子が浮かんでくる。

「どんな人間にも生きる意味がある」と私たちが子どもたちに口にする時、この罪を重ねる男性の問いを「自分勝手な言い分」と無視することはできない。それはいかなる境遇にあろうともそのことに意味があるということである。彼は黙っている私に続けてこう詰め寄る。

「親は『自分の人生は自分が選んできたから自分に責任がある』と言った。確かにみんな等しく命をもらってはいるが、境遇は違っているので不平等だ、とおれは反発したことがある。こんな感じで子どもに全く優しくない親なのに、自分は素晴らしくいい親だと思っている親のもとに生まれたおれの、生きる意味は何なのか、ずっと知りたかった。中学生になってから、人よりひねくれているおれは、それが自分の生きている意味だと思って行動していったら、不良と呼ばれる人間になった。おれだって不良にはなりたくなかった」

私は途切れることなく問い掛ける彼に、この時はじめて、〝疲れ〟をみる感じがした。それは過ちを繰り返しながらも生きる意味を必死に求めて走り抜けてきたむなしさのようなものだった。

「確かに誕生以来、人には生い立ちというものがあるよね。はいはい、よちよちから受け入れ難い生い立ちを受け入れながらみんな生きてきた。そんな姿をお互いに見て励まされているんだね」

私は彼にそう言って心の中では「疲れかたにもいろいろあるんだな」と自問自答した。

彼が思わず気の抜けた言い方でささやいた。

「おれのまわりにはそんな見方で子どもをみる大人はいなかった。みんな立派に、勝手に生きていた。おれだけ損な子だった」

私は彼の〝疲れ〟から〝素直さ〟に近づけた気持ちになれていた。

「何らかの関係があれば、人はみんな無関係には生きていない。影響しあっているんだよ。君を見て相手は何かを学んだり知ったりする。君だって相手をみて腹を立てたり、少しだけかもしれないけど信じてみる気が起きたりして…。生きる意味ってそういうことであまり言葉でまとめたりできない気がするけどね。10歳で死ぬ人もいれば80歳まで生きる人もいる。10歳でどうして死を迎えなければならないのか。本人ですら一番わからないよ。わからないことがある、ということをわかるためにみんな生きているのかもしれないね」

彼は面食いつつもほほ笑んでこう結んだ。

「そのわからなくなった時に、おれの話を聞いてほしかったんです。それが怖がって寄りつかなかったんです」

なぜ人は過ち、罪を犯すのか。本人も私たちもわからない。わからない不安定さを抱えながらも生きている。そのことが尊い。彼の納得できる「生きる意味」があるかどうかは私には分からない。ただ彼が生きていて相談に訪れたことに「生きる意味」があると私は感じる。生きる意味について考え込む人に対しては四の五の理屈を言う前に勇気を出して世間話から声をかけていく関係を日常生活に築いていきたいと思っている。

潔癖症の息子

「授かりもの」とは…

子どもは「授かりもの」である。しかし、誕生前から日々わが子の成長を体ごと感じとってきた母親であればあるほど、頭では「授かりもの、おあずかりもの」と思っても、接してきた事実の前に「他の親が育てていたら…」と〝結果〟に苦しむのである。

母親(52)は、人が変わったようになって10年の長男(27)について、相談室で私に語る。

「たまにとはいえ、中学時代の子育てを思い出して『あれは虐待だった』と詰め寄られると、私にはそんな気がないだけにパニックになって家を飛び出し、あてもなく歩き続けているのです。

私は子どもは授かりものと思ってきました。だからこそ大切にして私にできることはなんでもしてきました。子育てを損得とか、犠牲になるとかならないとかで考えたことはありませんでした。

だから主人も含めてまわりの人にも私から子育てについてあれこれお願いすることはありませんでした。私のできる範囲で育ててきました」

母親は込み上げる悲しみをせき止めるように私を凝視した。長男は潔癖という形で強迫観念に襲われ、10年になる。1日がその症状で明け暮れてしまうことも度々あるが、長男は潔癖症で母親を責めることはない。そして母親はその日々も「授かりもの」として長男にかかわり続けている。

「すべては潔癖なんです。私もあの子も授かった命を自分のためにも使っていると思います。私も自分のやりたいことはやっています。あの子にかかりきりということはありません。でも潔癖が生活のほとんどなんです。その潔癖を私があの子に（しつけという形の思わぬ〝虐待〟『授けた』としたら、それはどういう意味を持っていたのか分からないのです。そして授けたはずの私も潔癖に苦しんで、日常生活もできないあの子をみて苦しんでいるのです」

「むしろ子どもさんから潔癖を母親の責任だ、と責められた方が分かりやすいのでしょうね。やっぱり〝結果〟にとらわれますよね。分からないことは『授けた』と仮定しないで、神様に聴くしかないですね」

授かりものであるならば状況が変わったからと返すわけにもいかない。信じていただくだけである。私の少し冗談めいた言い方に母親がほほ笑みつつ、せき止めていた涙を流した。

「あの子は現実ばなれした夢のようなことばかり私に言ってきます。でもそれを素直に聞いてあげられないのです。『その前に潔癖を何とかしなくては…』とのど元まで言葉が出てくるのです。潔癖は『授かりもの』とは思えず『つくったもの』だから取り除ける、元に戻せる、と結果に焦るんです」

私は母親の素直な心に励まされて子どものけなげな心に気づかせてもらえた。

「息子さんは理由も分からないまま授かった苦しみに夢を持つことで気持ちを奮い起こ

しているのではないですか」

頭では分かっていても心に余裕をなくすると分からなくなるのが、他者の苦しみである。そんな心も授かりものだから学びに代えていきたいものである。

命日を意識して

意外にもうかうかしている日々

命日。意識すると生き方が変わる。それは新たな誕生日かもしれない。

「人には必ず別れる日が来る。ところが、この命日はいつ来るか誰も分からない。だから、うかうかしていられない。あの人のこと、あの子のことを心に宿しておきたいと思ったら命日よりも前に即刻かかわっておくことである。命日より後に『〇〇しておけばよかった』と思ったところで、それは現実の中では果たせない」

「だから、毎日顔を合わせている家族でも、ただボーッとしているだけではバーチャルである。この家族で、この親子で、あと何回、夕食を一緒に取ることができるか。もしかしたら今晩が最後かもしれない。ただこんなことを毎日考えていたらノイローゼ気味になるかもしれないが、たまには思い出したい」

「誰も明日の生命を約束できない身である。新潟の地震災害（2004年の新潟県中越地震）をみればこの事実が分かる。車に乗っていた親子が突然に〝命日〟を迎えたのである。誰も予想できなかった。今からすぐに語り合おう、かかわり合おう」

命のバーチャル化が問われたその年（2004年）、私が親子講演で一番に力を入れて語りきった〝一節〟である。そして2つ目が「後押し」である。

「私たちが今、ここで顔を合わせていられるのも、みんないろいろな人の後押し（働きかけ）があればこそである。そしてその後押しは善意ばかりではない。時に自分に向けられた攻撃的な言い方や口幅《くちはば》ったいことも、否定されたそれをばねに今を生きているとしたら、その人も自分を後押ししてくれた人である」

「人を否定するような言い方をすると、自分も否定されるリスクを背負う。それでも言ってくれたということは〝捨て身〟だったのである」

「だから親は子に口幅ったいのである。担任も生徒にうるさく言う時もある。でもそれ

郵便はがき

料金受取人払郵便

長野中央局
承認
1392

差出有効期限
2023年9月30日まで

切手不要

3808790

044
長野市南県町六五七
信濃毎日新聞社
出版部 行

あなたのお名まえ	男・女
〒 ご住所	TEL ( )
学校名学年または職業	
	年齢 歳
ご購読の新聞・雑誌名 ( )	

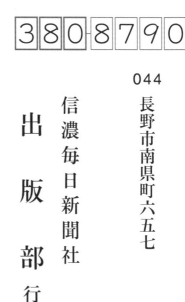

愛読者カード	このたびは小社の本をお求めいただきありがとうございました。お手数ですが、今後の参考にさせていただきますので、下記の項目についてお知らせください。

〔書　名〕＿＿＿＿＿＿＿＿＿＿＿＿＿＿＿＿＿＿＿＿

◆ 本書についてのご感想・ご意見、刊行を希望される書物等についてお書きください。

◇ この本を何でお知りになりましたか。

1．信濃毎日新聞の広告

2．書店・売店で見て　　3．人にすすめられて

4．書評・紹介記事を見て（新聞・雑誌名　　　　　　　　　　　　　　　）

5．インターネットで見て（サイト名　　　　　　　　　　　　　　　　　）

◇ ご感想は小社ホームページ・広告に匿名で掲載することがあります。

購入申込書

このハガキは、小社刊行物のご注文にご利用ください。

ご注文の本は、宅配便あるいはメール便でお届けします。

（送料は別。代金引換の場合は別途手数料も必要です）

長野県内にお住まいで信濃毎日新聞をご購読の方は、信毎販売店からのお届けもできます（送料無料）。

ご注文内容確認のため、お電話させていただく場合があります。

個人情報は発送事務以外に利用することはありません。

書　名	定　価	部 数

https://shinmai-books.com　　E-mail shuppanbu@shinmai.co.jp

は人ごとにして済ます訳にはいかないかかわりの心があったからである。うかうかしていられないね。誤解していたことがあったとしたら、早くその人のところに行って素直に謝った方がいいね。気が付かなくてゴメンナサイ、と。だって人には〝命日〟があるから急いだ方がいい」

講演で私は親と子の顔を交互に忙しく見ながら〝命日〟をまくし立てる。そしてハンドマイクを持って親御さんに力強く問い掛ける。

「ねえ、子に嫌われるかもしれないリスクを背負ってしかかっていたんだよね。意外と子どもだって親の知らないところで努力が報われなかったり、痛い目にあっていることだってあるかもしれない。うかうかしていたら聞き漏らしているかもしれないね」。

その問いに自分と向き合う親御さんの顔は八つ当たりへの反省と忙しさに置き忘れている日常のかかわりに涙と照れ笑いである。

子どもにも〝後押し〟あっての身を鋭く迫ってみる。「うかうかしていられないよね。みんな命日に向かって生きているんだよ。お母さんが誕生したころの話を早く聞きに行きたいね」

人は1歳だろうと100歳だろうと、みんな年齢に関係なく「晩節」を生きている。

かかわりに成果を求める教諭

急いで区切りをつけない

中学に勤務するなじみの養護教諭（35）から電話がかかってきた。彼女は中学で不登校を体験し、その時の養護教諭との出会いがとても良き想い出としてその後の人生の励みとなり、今の仕事につながった。こんな経緯もあってカウンセリングの学びにも積極的だった。

「先生、結局私は不登校のまま家に閉じこもっていたあの子（中３男子）に何一つできずに卒業させることになってしまいました」

落胆する彼女のやり切れない思いが電話口から伝わってきた。高校受験もないまま〝形式卒業〟していく少年に、担任との意思疎通が得られないこともあって無力感が募っているようだった。

「家庭訪問しても会えず、手紙を書いて送っても返事は来ない、それに担任はあなたほど少年に対して悩んでいる様子はない、何か接点がないまま卒業していくことへの空しさみたいなことでしょうか」

「はい、カウンセリングをいくら勉強しても会わなかったら何の役にも立ちません。私に問題があったのでしょうか」

私の問い掛けにカウンセリングを「面接相談」につなげることができなかった悔しさを訴えているようだった。

「何か形にとらわれていませんか。少年に対し『やるべきことはすべてやった』という自分自身の納得を求めている気持ちはありませんか」

彼女は少年に対し、〝良き養護教諭〟として「あれもしてあげたい、これもしてあげたい」と思い、カウンセリングの学習にも励んできた。それが卒業を前にして、空振りのまま終わることへのやりきれなさを抱いているようだった。

具体的に少年とかかわり、燃焼したという実感に満たされていないのである。

「それは私が、あの子のためにと思っていたことが、自分のためであったということですか」

彼女の声は少し涙声になっていた。

「厳しい言い方になりますが、カウンセリングの使い方を考えて接触しようとすると、される側はその善意がうっとうしいものです。生徒の不登校がきっかけでカウンセリングを学び始めたことは尊いと思いますが、それは生徒を変えるためではなく、自分の心を知ってよりよき関係に目覚めていくためではなかったのですか」

学んだら物にしたい、物にしたら使いたい、この思いがすぎると、結果や効果にとらわれる。かかわった証しとしての成果を求めやすい日の一つが卒業式である。

私は卒業にあたり、生徒と自分との関係の区切りに迷う親しき養護教諭につぶやいた。

「先生と生徒との関係に卒業はあっても、人と人との人間関係に卒業はないのです。またいつかどこかの街角で彼のお世話になるかもしれません。『さよなら』と言ってはいけないよ。高校生になる形にとらわれていると、いまは形にとらわれたくない子の気持ちが見えなくなりますよ」

大切なことはかかわりに成果を求めて急いで区切りをつけないことである。それがカウンセリング・マインドの学びであり、テクニックは二の次、三の次である。形にとらわれることなく心に還ることである。手段（形）を目的にすると過ちをおかしかねない気がする。

子の存在を「治療」？

親の心に効く気付け薬はないのか

Ａ君は有名な私立中学校に入学したものの、成績が振るわず、不安はゲームで紛らす日々。私の相談室で父親が黙ったままうつむく彼をわずかに見て話し始めた。

「努力しても小学校の時のようにできないことは分かりますが、それなら努力の仕方を工夫すればいいと思います」

父親は、Ａ君の「現状、問題、対策」といったリポートを私に見せ、身を乗り出して尋ねてきた。驚く私を見て、母親が口を挟んだ。

「この人の方が病気だと思います。この子はもう十分に努力して、工夫だってやることは全部やっています。もうこの子をこれ以上追い詰めないでほしいんです。あなたは仕事に逃げているから分からないのよ。この子と2人で、『お母さん、汚い！』『どこが汚いの！』と登校前に叫び合っている恐怖が、この人には分からないのです」

Ａ君は強迫行為を繰り返しているが、登校はしている。ただ、トイレに行かれないので、腹痛を訴え、早退は度々である。父親が再び嘆く。

「無い力をこの子に要求しているわけではない。私以上に能力があるのに…。病気は病気として治療しているんだから。勉強の努力をさぼることが治療とは私には思えないのです」

治療に事寄せて勉強をさぼっていると真顔で話す父親に、あぜんとする母親は私に何かの助言を求めた。

「お父さんはすべて結果（見た目）の中で生きているのですね。A君の今時点の〝結果〟（現実の有り様）を受け入れられないのですね。それではA君なりの目標ではなく、親の目標になりますね。立てない子に立てと言っていることになるのではないですか」

私の言葉では腑に落ちない感じの父親を見て母親が言葉を添えた。

「私もこの子に自分のすべてを託してきたから今のこの子が信じられなかった。でも、それではこの病気は治らないのよ。そのことに気づいて私は期待してきたことをあきらめたの」

この瞬間、ゲームの手を休め、顔を上げて言ったA君のひと言が相談室に新たな緊張を生んだ。母親は病気を治せばまた「期待」に添った勉強ができるといった感じだった。

「僕も期待に応えたいけど、（丸ごと受容してくれる親子関係を）あきらめられた子は治らないよ。僕は2人（親）をあきらめたいけれど、その後に一人になってしまうからあきらめられない」

対応への視点の違いは多少あっても子の抱える様々な苦しみを〝治療〟で回復させれば成績もなんとかなると考えてしまう親の心に効く言葉の気付け薬はないものだろうか。これでは〝完治〟を前提にしての存在の肯定となってしまうのだ。A君への親のこの「期待」がストレス（緊張感）となって症状を起こしているかもしれないと気づいてほしい。あらためて「症状には意味がある」という気づきの言葉が思い出される。

過ちを繰り返し犯す息子

変わる関係が見えたら春

年明けとともに同じ過ちを犯し〝被告〟の身にある息子(22)との関係に迷う初老の夫婦がつぶやく。

「これほどまでに息子のことで悩んだことはありませんでした。面会にいって手をつくあの子に掛ける言葉が出てこないのです。教育費は出しても子育てしてこなかった私には悔しさも怒りもわいてこないのです。これから先への動揺も考えてみれば、仕事を含め、みんな自分への影響ばかりです」

数百人もの従業員がいる会社を再建し、その経営を取り仕切ってきた父親にとって、わが子の二十数年間を振り返ってみると、「息子の成長よりも会社の成長が気になった」と言う。父親の気落ちしている姿をかいま見ながら、母親がわずかに身を乗り出して私に問い掛けた。

「私が厳しく育てたので、見えないところで心がひねくれてしまっていたのでしょうか。それとも、大学進学は希望していなかったのに、親の見栄で、だましだまし入学させてしまい、お金がほしいと言えば、いくらでも出してきた私が甘かったのでしょうか。私は寝耳に水の状態で、初めて面会した時に思わずあの子に『土下座してお母さんにあやまりなさい』と言ってしまいました。息子は黙って私の言うとおりにしましたが、間違っていなかったでしょうか」

夫婦は互いを責め合うことはなかった。それぞれ親子関係を振り返っているようだった。

私は息子の気持ちにも思いを寄せながら二人に関係をたずねた。

「極端に言えば、息子さんと取っ組み合ったり、分かり合ったりした思い出がこれまでに何一つなかったと父と子の関係を振り返り、気づいたなら、この機会を逃してはいけませんね。

たぶん、父親と母親の役割を1人で背負ってきたお母さんを身近で知っていただけに、息子さんはお母さんの気持ちを察して、言い返してみたい言葉ものみ込んで大学卒業まできたのかもしれませんね」

罪を問われる息子の嗜癖《しへき》を知り、なすすべもなかった両親に、自分なりの気づきのひと言がこぼれた。

「息子になんでもお金を都合つければ解決できると思わせてきたのは私です。こんな親子関係はやめます。そのことで息子から受けるだろう怒りは、残された自分の人生で返していきます」

父親の顔を見て涙ぐむ母親も言葉を添えた。

「私も同情めいた差し入れの手紙はやめます。自分の見栄のために息子を犠牲にしていました」

重い現実でも変わる自分の未来が見えたら、他人の評価はさておいて元気になる。何度、気づいても同じ過ちを繰り返してしまうのが私たち人間ではないだろうか。でも気づいたことを大切にし改めて〝始めの一歩〟を踏み出したいものである。

本当の自分が出せなくて

同世代からの拒絶が怖い

「私は人間関係の靴を履き違えて卑くつになってしまったんですね。何となく気持ちが軽くなりました」

美術系の専門学校に通うA子さん(21)は、こわばり続けてきた顔をほころばせた。

彼女は「友だちが少なく、同年代との対人関係が苦手」との悩みを抱えながら私の相談室を訪れた。

「私は今の学校でも何か話のなかに入ろうと努力しても『はぁ? ムカつく』と言われ

たり、『何？　あいつ』と遠くで悪口を言われ、ヒソヒソ話をされています。毎日、冷たい視線にさらされている思いです」

A子さんはこの悲しみを高校時代から抱えている。当時は「暗い」「近寄り難い」とアドバイスしてくれる友だちがいて、「コントのような笑いをつくる努力」もしたが、そのことが意に反して相手を怒らせるような誤解を与えて「ムカつく」存在になっていったようである。

「本当の自分が出せず、魔法瓶に閉じ込められているような感じがして苦しいのです」

心の迷いをイメージしやすい比喩《ひゆ》は得難いものである。私は尋ねた。

「魔法瓶のふたを閉められた感じになったのはいつごろからですか」

A子さんは少し間をとって語り出した。

「小6のとき教室で〝美少女コンテスト〟があって、そのランキングで私は肥《ふと》っていたからか最下位でした。それから大人や小さい子とは話せても、今どき（同世代）の子に苦手意識ができた気がします」

彼女は大人への信頼、幼き子へのいたわりとともに、同世代に否定、拒絶される怖さを抱えてきたのである。そのたえず襲ってくる不安におびえ一つ一つ除去するように慎重に質《ただ》すコミュニケーションを身に付けてきたのだろう。それが対等な関係にある友だちには不信のメッセージとして受け止めるしかなかったのである。

彼女がほほ笑みつぶやいた。

「意識し過ぎて冷たい視線とこわばっている私の顔が友だちにはムカつくのでしょうね。私は卑くつになっていたのですよね…」

信じることなくして向きあう意味はない。その信じることを置き忘れて不信を前提の傷つかないコミュニケーションに迷い込んでいる若者は、彼女だけではない。

「けんかして仲直り」の関係を

トラブルを避けたい若者

仲間集団である学校という空間で人間関係に傷ついたり、疲れて不登校になった若者たちが、心のいやしを求めて福祉や教育、カウンセラーの現場に就職を希望している場合がある。

人間関係や心理を学ぶ大学が次々と誕生してきている傾向をみると、孤独感のなかで、人々の生身の関係に関心を抱く、現代の「癒やされたい」若者事情の一つといえるかもしれない。

ところが就職したものの、「石の上にも3年」とは続かず、早々に退職したりすることもある。

「途中でやめるなんて迷惑なことだと思いますが、続けていくことのほうが、もっと子どもたちや幼稚園の先生方にも迷惑がかかると思いますので…」

A子さん(23)は大検と通信制高校で単位をとり、コミュニケーション学科のある大学に入学した。在籍中に保育者になることに目覚め、保育短大に進んだ。

その後、実習先で、希望していた私立幼稚園に就職したが、突然、師と仰いで就職を頼み込んだ園長に1学期での退職を申し入れた。

園長は結論を出す前に「第3者の意見を聞いたら」と私を紹介した。A子さんは来所の「証明」だけをして早々に帰ろうとし、経過を自虐的に語るだけだった。

だが、「いい人」になって「対立」を避けているだけではないのか、との私の問いには答えた。

「園長先生は子どもたちや保護者のためになることならなんでも担任に言っていい、と言ったのに、（実際に言ってみると）先生方のバッシングから私を守ってくれないんです。短大の先生にまで私のことを話してしまい、私をやめさせてくれない。それに今は、私以外の人でもできる保育者よりも、もっと1人と深くかかわるカウンセラーに自分は向いているのではないかとも思っているんです」

彼女はこのもやもやした感情を園長にも同僚にも話さず、トラブルを避け「いい人」のままで退職しようとしていた。「結論を出したのだから、わざわざ話して嫌な思いをする必要がない」という。

独りよがりの深みに入ったまま年齢を重ねている彼女に私は言った。「人と人とが理解しあう過程のなかに対立や誤解は付きもの。そのときに自分がシミュレーションし、いったん作り上げた人間関係を修正してこそ、人とつながっていけるんだよ」

「けんかして仲直り」の人間関係づくりが人を孤独から解放してくれる。私たちは生活の中で、言葉や知識に逃げることなく、この営みを、せめて「3年」はがまんし、実践しているだろうか。がまんできない人には「3年」は少し長いかもしれないが何ごともその長さのなかで意外にも変化が起こるものだ。憧れが勝手な思い込みであったと気づいて落胆したり、抱えていた嫌悪感が事情を知って好きになったりする。

これを一通り経験して「仲直り」のしかたを身に付けるには3年位はかかりそうである。そして、それでも離れたかったら去ればいい。それは逃げることではない。人間関係の「お休み」である。

口にする「自死」と「殺意」

思いを聞いてもらえぬ嘆き

相談現場において、自責の念から自死をほのめかしていた子どもや若者が、一転して報われない気持ちから殺意を口にすることは意外に多い。だから他殺への衝動には先に自死念慮があるのではと思ってしまう。最近よく見聞きする事件報道にはそのような悲しい選択をする子どもたちもいるからである。すると青年期の若者の自死増加と、とりわけ目立

つ　いわゆる「いい子」の犯罪との関係にも思いを寄せてみたくなる。

おとなしく遠慮深く迷惑もかけないように暮らしている子どもたちはきっと口にも、顔にも出せない「親を殺したい」「小、中学とおれをいじめたアイツを殺したい」という気持ちを否定、諭されることなく、誰にも聞いてもらっていないのではないだろうか。

その意味で自死念慮のある人が「殺意」を口にすることは、他人に対する「恨み」という関心を掘り起こしたことで他者と分かり合える手掛かりがつかめたんだ—という他人との関係の深まりをも、示唆してもらえなかったということにもなりそうである。

さらに悲しいことに、事件を起こした後で、それまで吐き出せなかった葛藤を初めてじっくりと聞いてくれたのが捜査の人だったという若者もいたのではないだろうか。

中学卒業以来、引きこもり続けて10年になる長男をなんとか私との面接につなげたいとご両親が相談室を訪れた。押し黙る父親を頼りなく見て、母親が口火を切った。

「気が弱かったと自分の小心さを責めていた長男が、中学の友人関係が自分の人生の歯車を狂わせた、とやっと言い出したのは二十歳前でした。いつまでも繰り返す話を聞けず、夫は『死んだ気になって働いてみたらそんな過去のできごとや相手のことも忘れて自分が変わる』と言いました。すると『死ぬ前にオマエ（父親）のその口を塞ぐ』と長男は言いました。それで夫も、黙っていられず『やられる前にオレがオマエのその根性を叩き直す』と言い出し、それから同じ屋根の下に暮らしながら話すことはもちろん、顔を合わすことも無い親子関係です。この5年間、間違えば殺されるかもという不安と自殺への不安のなかで、誰に相談していいのか分からないまま過ごしてきました」

父親は5年前に長男ともめたときを思い出しつつ、ぼそっと口を開いた。

「息子はきっと私たちには話したくないことがあると思います。私ではそれを聞いてやることができません。なんとか相談室に連れてくる方法はありませんか」

「だまして連れてくるわけにもいきません。こうしてご両親がここに来て息子さんについて思いをはせることができれば、ここに息子さんも一緒にいるということではないですか」

聞くとはひとまず虚実を分けることなくそのまま受けとめることではないだろうか。なりたい心となれない心のせめぎ合いのなかで人は葛藤しているからだ。それだけに実直な親ほど子の心を聞けないときがある。こんなとき他人だからこそできる聞き役がいてほしいものである。

親も、子の前途に悲観し自死することもあれば、殺意を持つこともある。2つの心を分けることなく、「対」の心で聞けば、親の嘆きから子の嘆きも聞こえてくる。

「強がり」をしかる教師

指導の前に「ただ聞いてほしかった」

生徒への「指導」を強化すると、生徒からの権威性は教師にそんなつもりはなくても高まりやすい。さらにその権威が「小さな権力」にもなる。そして教師が、その権威に遠慮して明るく振る舞っている生徒の心に鈍感になっていくと、指導が信頼関係を希薄にしていくこともある。だからといって生徒の心の敏感さにいつもびくびくしていたら、当たり障《さわ》りのない関係になり、のびのびしたかかわりは生まれない。

生徒を思う混じり気のない善意の指導に対して、突然とはいえ生徒の不快感に気づいたら、立ち止まり「ただ聞く」勇気をもつことが大切である。それは、生徒が教師個人を嫌っているわけではなく、その指導という権威性や権力性が「NO」なのである。関心を寄せてくれた教師を慕う生徒の心にこそ、鈍感であってはならない。

A子さん（中2）は小さいころから「体格がいい」と周りからも言われ、人の言動に敏感になっていた。「敏感」「慎重」さは疲れるが、一方で日々の情緒を安定させることもある。ただ中学生になると、この「敏感」さが過剰反応として言動に表われた。「体形」の話題が近づくと、そのコンプレックスが、明るさを過剰につくり出す。そしてその内面を見透かされないようにひょうきんさと強がりで隠す。これが周りには「プライドの高い子」と思われたりする。A子さんが不登校になった胸の内を語ってくれた。

「私、体形について気にしていることを担任に話すと、心配から、いじめの議題にされてしまいそうな気がしたんです。それで先生や、いじめそうな友達の前ではとくに無理して明るくふざけたりしていました」

担任は「いじめはあってはならない」とクラスでも厳しく指導していたという。だから、いじめの対象になりそうな生徒にはとりわけ気を使っていた。A子さんも担任に優しくされていたが「悩みなんて何もない」という感じで強がっていた。ところが担任は、いじめへの不安を素直に打ち明けてくれない彼女の態度（プライドの高さ）が気に入らなかったのか、ある日、クラスで強がりと分かるような明るさで振る舞うA子さんを「やせ我慢しないで」と叱かった。皮肉なことに担任のプライドをA子さんの明るさが刺激したのだ。プライドとコンプレックスは裏表である。これがきっかけで「太いくせにやせ我慢」という笑いが起こった。

彼女は担任への思いを語る。

「私は担任に『自分の正しさしか分からない先生に何を話しても無駄ですから…』と言って登校拒否しました。担任は私に否定されたと思ったのか、いろいろと質問してきました。私はただ聞いてほしかっただけなんです。先生を『嫌い』とは一言も言っていないのに『味方になれずにごめん』と言って、話を終わらせてしまいました」

生徒の教師への不満をいったん立ち止まり「ただ聞く」ときに権威性がやわらぐ。

いじめに対する教師の指導性が問われているが、まずは子どもたちから嘆きや悪態をついてもらえるような下心のない脇の甘さのある教師になってほしい。

元生徒の死を悔いる教師

「清算」を急がないで

高校で養護教諭をしているA子さん(48)は、年が明けても退職を考えていた。
「本当のところが分からないので同僚にも家族にも誰にも話はしていませんが、亡くなった元生徒（高校2年で中退）との最後の会話は今も忘れられません。いじめの報道があるたびに自分の指導を責められているようで苦しくてたまりません」

A子さんは、複雑な家庭事情もあってか、生徒指導でいつも問題になるその男子生徒に対して、特別に目をかけていた。そのころの保健室は「授業を飛び出してくる生徒や、いわゆるサボりの生徒が大勢、押しかけてくる状況」で、彼もその一人だった。

A子さんにとっては、これまでにあまり経験のない状況に「アドバイスもできず生徒指導とはどうすればいいのか」と悩んでいたという。そんなとき、その男子生徒が「そうかと聞いてくれるだけでいいんだよ」と教えてくれた。

彼女は「何か答えを導き出してあげるのが教員の役目」と思っていたので、生徒のアドバイスが光にも思えた。

いつの間にか、保健室にいるときの生徒は素直になり、特に彼は保健室の〝顔〟になった。同僚の教員はA子さんの指導を問題にして厳しい対応を求めた。しばらくして彼が下級生をいじめているという話がA子さんの耳にも入った。

「私は彼の心の弱さが下級生への恐喝じみた行動になっていると思い、私の話ならおとなしく聞いてくれるとうぬぼれていたのです。

『おれがこの学校から、この世からいなくなったら下級生にどんないじめだったか聞いてみればいい』

私はあのときの彼の葛藤《かっとう》を言い訳だと思って聞いていませんでした。それが、私が彼から聞いた最後の言葉でした」

中退した3年後にA子さんは彼の死を知った。そしてその死因はまったく分からない。ただどうしても彼から聞いた最後の言葉が気になっていたのだ。

「私は彼が中退して、まだこの世にいるとき、下級生にいじめの事実を尋ねました。すると、親に不満を持つ下級生の気持ちをあおったことが、いじめだと見られた。彼は弱い者いじめなどしていませんでした。私は彼に謝罪する機会をうやむやにしてしまいました。そして、その下級生も卒業していきました。この悔いに清算がつかないのです」

私はA子さんの話を聞きながら、この「悔い」を引きずっていることが、彼女の「優しさ」であり、男子生徒とのかかわりの証しであると思った。

「清算を急がないで、その悔いをこれからの生徒たちとのかかわりに生かしてくださいね。彼の死もそのことで生きるでしょう。だから彼はA子さんの心の中で生きていくのです」

いじめ報道にふれるたびにフラッシュバックするが、彼とのかかわりから学んだ「言い訳を聞く」ことの大切さに立ち返っているようだ。そして最近では保健室に入ると突然に涙があふれてくることも少なくなったA子さんである。

気まぐれな個人主義

母を思う子の悲しみ

「お母さんの気まぐれな個人主義を受け入れるには、私もそうするしか気持ちが落ち着かなかった。でも、ずっと不安で寂しかった」

どことなく身だしなみもちぐはぐな中学3年のA子さんは、登校渋りの話から母親への不満を訴えた。彼女はクラスのなかでも、少し浮いた存在で、唐突に苦笑いをしたり、集団から抜け出してまた戻ってきたりと、不安定というか、気まぐれな行動が目立ち、いじめにもあっていた。

「自分にとって説明できる必要な行動をしていて、そこをいじめられるなら、ちゃんと言い返さなければだめよ。それを私の子育ての責任にするなんてひきょうよ。お母さんも周りの人たちから変人呼ばわりされることもあるけど、別にその人がお母さんの人生を生きてくれるわけではないから、きちっと言い返しているわよ」

母親は相談室で、心の秘密を打ち明けるように話すA子さんに持論を述べた。するとA子さんが即座に反発した。

「ひきょうとは何よ。私がお母さんにどれだけ気を使って裏切られてきたか知っているの。お母さんはけんかしたらそれっきり、『悪いな』と思って何度か声を掛けても、うんともすんとも言わない人よね。それから何日もお母さんの声を耳にすることはなかった。その間、ずっと『私が悪いのかな』『お母さんに嫌なことがあったのかな』とひとりで考え込むしかなくて、それが私の個人行動、変わった子になる〝癖〟になったのよ。クラスでもみんなの仲間にいることが不安になると、そうなってしまうのよ。だいたいお母さんは自分の服装は気にしても、私のことなんかかまってくれないし…」

私ははっとした。そういえばいわゆる「いい子」の親は自分の髪形や服装をさして子に「お母さん、似合っている?」と尋ねても、子に「その服似合っているね」とほめたりすることが少ないと感じることがある。それは「いい子」の方が先に親に気遣っていることに慣れて言いそびれている面もあるからだ。もちろん親子関係にも「私事化」が進んでいるのかもしれない。

それだけに親子関係を確かめるように母親に語り続けるA子さんの心情が痛々しかった。

「あなたはもう中学生よ。自分の行動や服装、それにお母さんの気持ちがどうのこうのと言うより、自分の判断を大事にしなさいよ。子育てだけがお母さんの人生じゃないのよ」

子育てにいっぱいいっぱいの負担を感じたとき、唐突に〝養育放棄〟をされてきたA子さんは、自分も集団のなかでストレスを抱えると、その場を「放棄」していた。そして自分のその感覚を認めることで母親の行動も理解しようとしてきた。だが、やっぱり他人同士の場合と親が子にするときとは、不安感が違うと言いたかったのである。

「お母さん。そんなに頭のいい言い方をするお母さんにならないで。友だちの方が私の癖を気にしてくれるのよ」

子は身を粉にしてまで、親の愛を理解しようと努めるものである。そう思うと、親に「なる」ことより、子どもの思いに応え続ける親で「ある」ことが難しい。

両親のもめごと

子どもの気遣いに素直に

人前で両親がけんかしたり、もめたりすることを見るのは子どもにとってつらいことである。まして、その原因が子ども自身に関係することであればなおさらである。けんかは生身で向き合っている証しであるから、どこで起ころうと否定はできないが、子どもの気遣いに親は素直でありたい。そして、素直に応えてくれた親から、子どもは現実を背負っていく自分への励ましを感じるのである。

A男君（小学2年）は教室で起こした級友とのいざこざから不登校になり、2カ月が過ぎていた。ただ、不登校を選択していくきっかけはまわりの大人との間にあった。教室では大事にならなかったが、級友の母親がわが子かわいさも手伝ってかA男君の両親の子育てを問題にしてメールとブログで親子批判をした。

そのことで「学校を休んでほしい」という母親の精神的混乱を心配したA男君は数日、登校をひかえた。ところが、このことを担任が、級友の母親に「謝罪」らしく表現したことから、A男君はいじめの加害者になった。これほどまでにこじれる必要のなかった子ども同士のトラブルは結局、両方の親が顔を合わすこともない中、A男君の不登校でそれとなく落着していた。

わたしの相談室で母親がA男君を垣間見ながらなげくように言った。

「この子にはちょっと悪い言い方になりますが、本当はこちらが、被害者と言いたいくらいです」

この間、父親は自分のひざの上でもじもじしているA男君の手をしっかりとにぎっていた。そしていたわりの言葉を母親に添えた。

「お母さん、もうすんだことだから気持ちを切り替えていこうよ。あちらの子どもだって元気に学校に行っているし、母親も今では何も言ってはこない。いつまでもくやしがっていても、前には進まないよ。A男だって、その気持ちがあるから今日、一緒にここ（相談室）に来てくれたんだよね」

母親は父親の話に首を横に振り続けた。その様子に、父親がやりきれない思いを口にしようとする態度を見せたときだった。A男君は父親の手をいったん振り払うと、あらためてにぎり返し、小さな声で言った。

「お父さん、帰ろう。食事に行くんじゃなかったの…」

間の抜けたようなA男君のひと言に父親が驚き、続いて母親が意をくみ取ったようにうなずき「帰ろうね」と言った。両親に寄り添うようにじゃれつき、相談室を背にして帰るA男君からは先ほどと違って両親をかばい支えた、自信が感じられた。

こんな場面は顔を合わせないメールやブログでは出合えない。

「正義」の押しつけ

謙虚さを忘れないで

子どもの前途が親の前途になる。だから、「子どものため」に言ったことは「親のため」でもある。人ごとにならない親子関係だから仕方のないことであるが、時々謙虚に振り返り、押しの強さに気づきたいものである。

中2になる長男の不登校、家出について相談を受けていた母親から電話が入った。

「あれから（家出から戻ってきた時）、すべてを息子に話しました」

母親は夫と中2の長男、2人の娘たちとの5人暮らしだが、長男の実父は違う人である。長男は母親が20歳代の未婚の時に既婚男性との間に妊娠した子である。母親は男性と別れ、両親の反対もあったが自らの選択で出産した。保育所に預け母子生活を始めたが、数カ月後に子育てを実家の両親に頼って働きに出掛けた。そして2年後、夫と出会い、長男を連れての初婚となった。

ところが、「人生の重荷を3人で背負っていく」ことを約束してくれた夫に長男はなつかなかった。夫は「祖父母に甘やかされて育った子」だからと厳しいしつけで長男に接した。母親は子連れの「負い目」もあって「長男を夫から守ってあげられなかった」という。

中学生になると長男は実家の祖父母をたびたび訪ね「橋の下で暮らしてもいい」と家庭での葛藤《かっとう》を吐露するようになった。その後、母親が何度尋ねても理由の分からない不登校、家出を彼は繰り返し始めた。そしてある日、祖父が母親に「父親が違うことを知ったのでは…」とこぼした。そこで母親は長男に異父であることを打ち明けた。

「息子は貧乏ゆすりしたり、落ち着かない様子でしたが私の話は全部聞いてくれました。うすうす気づいていたとはいえ、口調だけは『ふーん』と落ち着いた感じでした。こんなに息子と話せたのは初めてでした。これで息子のもやもやがふっ切れてくれたら…と、あの子のためを思って言ったのに（不登校の）状況は変わりません」

母親の嘆きが電話口で続いた。

「こんなことなら本当のことを言わなければ良かった。息子にも『お母さんと同じように正直に（不登校の理由を）言ってよ』と言いました。するとあの子は人が変わったように『みんなお母さんがいけないんだ』と怒ったのです。夫については何一つ責めないのです」

私は期待外れの気持ちを強調する母親に言った。

「もうごまかせない、と自分で考えて、自分のため（正直さの証明）に言ったんでしょ。それを不登校の理由を聞き出す〝取り引き〟にしてはいけないよ」

自分の正義や誠実さと同じものを相手に求めると、謙虚さを忘れた押し付けになる。長男の怒りは母親を責めるものではなく、謙虚さに気づいてほしい、という願いである。

「命」を語っていますか

身近な人との関係を通して

身近な人々の人間関係を通して自分の心と向き合うのではなく、借り物の知識や情報から命を語り、それでいて「生きている感じがしない」と年の割にはませた悩みを相談室で語る子どもがいる。

そこで親子講演では、ちょっと回りくどい意表を突く質問を小・中学生の子どもたちに投げ掛けてみたりする。

「ねえ。おじいちゃん、おばあちゃんのいる子は手を挙げてください」

ちらほら手が挙がるが、ほとんどの子どもはぽかんとしている。そこで私は手を組んだまま、おとなしい顔をしている子どもに近づき質問をする。

「一緒に住んでいる、いない、亡くなった、生きている、いろいろな状況があると思いますが、お父さん、お母さんがいるということは、必ず、あなたにも、おじいちゃん、おばあちゃんはいるのです。お父さん、お母さんと家族で自分たちのおじいちゃんや、おばあちゃんについて話したことのある人はいますか？」

講演する体育館の中で私に視線を寄せる子どもたちをぐるっと見渡して、再度、問い掛ける。

すると命のつながりを意識しはじめたのか、子どもたちの表情は引き締まり、そして囲む親の中には、わが子に見られないように、そっと目もとを拭く人もいたりする。私は親の様々な事情を勝手に想像して視線を合わせてしまうこともある。

次第に私は優しい雰囲気になる親と子の笑顔に励まされて、保護者の席に向かい熱く語る。

「語っていますか。あなたのお父さん、お母さんのこと。記憶も定かではないおじいちゃん、おばあちゃんのことをこの子どもたちに語っていますか」

私のテンションが高くなる場面では、いつも相談室でのこんな親や子どもの嘆きが後押しになってくれている。

「入院しているおばあちゃんのお見舞いに行こうとしたら、お母さんは『まだ入院しているから、いつでも行ける。それより受験勉強が大事よ』と言ったよね。お母さんのお母さんをよく知らないまま私はおばあちゃんとお別れ（死別）したんだよ」（中1の女子生徒）

「命のことは本を読んだり、戦争体験者の話を聞いたりしていた娘なので、それで十分だと思っていました。私は頭が悪いから難しい命の話はできないと決めつけていました」（43歳の母親）

人と人との身近な生老病死のかかわりが命の働きを実感するテキストである。なじみの住職の話だと、葬儀で柩に安置されたご遺体を写真に撮られる光景とよく出会うそうだ。撮ったらそれで「おしまい」と命の働きを語ることなく、〝自己満足〟で心に治めないでほしいものだ。

別れ際の親子関係

触れたくても触れられない

90歳になる私の母親が病室のベッドで元気だったこれまでを思い、そして今の晩年を受け入れるしかほかにすべがないといった感じでつぶやいたことがある。「どうしてこうも弱くなってしまったのかな」。この思いは、家族である妻、私の双子の娘たち、そして私の同居してきた思いとも重なるものだった。

互いに口にはしないが、延命治療を断っている母なので「いつその瞬間が来てもおかしくない」との医師の言葉が、「いま・ここ」の母との関係を深める。介護、看病をひっくるめた生活に、家族の言動の優先順位は、すべて母になる。それは今は成人した娘たちの誕生、同居以来、ずっと子育て、家事、留守番をしてくれた母の〝縁の下の力持ち〟の日々の営みがあればこそ、素直に恩返しできることでもあるように思えてくる。

母に掛ける言葉、触れる手を乱暴かなとも思うが、同室の人や病院の職員の方は、ほほ笑ましいとか、いたわりだとかに見てくれていた。妻が「みなさんが私を実の娘と間違えているよ」と苦笑すれば、私の双子の娘たちも、母と妻の「せめぎ合って、折り合って、お互いさま」の努力の日々に「感謝しろ」と私に迫ってきた。

ふっと相談に訪れたあるおとなしい高2の少女のつぶやきを思い出す。

「私が病院に駆けつけたとき、父は息を引き取ろうとしていました。それまで問題のあった兄はベッドにしがみついて泣き叫んでいました。母は私に何度も『お父さんに何か言葉を掛けてあげて、手を握ってあげて』と言ってきましたが、私は兄のようにはなれず、心のどこかで冷静でした。後で友達はそれを『ショック照れ』と言ってくれましたが、私は兄のようになりたかった」

「父とは何年もまともな会話をしていないし、2人だけの思い出だってほとんど記憶になかったのです。思い出もないのに、兄のようになっては、父や周りの人にうそをついているように思えたのです」

親子の別れ際に「うそ」と思っている余裕なんてあるはずがない、と思われる方もいるかもしれない。

しかし、相談に訪れる親の中にはわが子が思春期、青年期にあえて親を拒絶したとき、「心を抱きしめて」と言わんばかりに暴れる子どもに対して、素直に体を抱きしめてあげられなかったと悔やむ人も少なくない。何年も手や体に触れる必要もない「困らない、かかわりの必然性のない」関係が、「いい家族」として見過ごされていくと、「その瞬間」に、気をつかってしまい、触れたくても触れられない苦しみを抱えるのだ。

私は、病室のベッドの下に落とした母の入れ歯を、さわがしくも探し続けたことがある。その後で、母をなだめ寝かしつけようとしていたとき、私は尊い親子関係の置き土産を、母から頂いた気がしたものである。

親子ときょうだい 温度差は

立場により違いも

家族の誰かが、いわゆる「問題」を起こした時、寄り添って引き受ける責任感は、立場によって違いがあったりする。同じ家族でも親子ときょうだいでは、つながりに温度差がある。

例えば、離れた郷里に暮らす両親がともに他界すると、実家に兄弟姉妹がいても、帰るべき理由も少なくなる—と口にしたりする。親子関係はきょうだい関係よりも血縁を意識させる。親の存在なくして子の誕生もなく、深いかかわりがないまま子は育たないからだ。親は子の「問題」を人ごとにはできない。だからからこそ、見守るきょうだいも安堵《あんど》でき、それぞれ新しい「わが家」を形成していくのだろう。

だからといって、きょうだいは互いの「問題」に無関心を貫けるほど、血縁に冷めてはいられない。一緒に育った仲というだけではなく、その無関心さが自分の妻子との関係にも影響してくるからだ。

妻子のいるA男さん(27)は、近所に住む無職の兄(30)と両親について相談にみえた。ともに教員の両親は来春で定年。兄は高校一年で中退後、自宅で引きこもり状態である。A男さんは兄と同じ進学校に入り、地元の国立大学を経て公務員に。今は両親の相談相手になっている。

「僕が兄にしてあげることは何もありません。ただ、兄に対する親の愚痴を聞くことで実家が平和でいられるのかなと思います。親の老後を考えると、私も兄に変化を期待してしまう。でも最近は、父の兄に対するいら立ちの行動を見聞きしていると、実家に足が向かないのです。父は兄をどうしたいのでしょうか」

A男さんは、実家の「問題」に費やす時間を避ける自分は「冷たい人間」ではないかと葛藤《かっとう》していた。そして共に暮らす妻子がそんな自分を薄情と思っていないかという不安もあった。

「お父さんの行動は、お兄さんに無関心でいられない、弟のあなたに負担させてはいけないという焦りかもしれない。あなたの足が実家から遠のいたのは嫌気からではなく、自分の家庭づくりを後回しにしているのでは、と気づいたからではないですか」

A男さんは素直にうなずき「父は兄を本当に変えたいのでしょうか」と問うた。

私はこう答えた。「弟の兄思いに安心し、教師ではなく父親として、慣れない子育ての行動を起こしたのでしょう。変えたい野心など、もう卒業しているのでしょうね」

親子ときょうだい。同じ家族でもかかわりに温度差があるからこそ、互いに息抜きもできるし、主体性も育つ。

別の話だが、引きこもり高齢化する兄について父親に「俺は兄貴の面倒はみないから」と言い切った弟を思い出す。その弟が父親に言った言葉を悔いてやはり相談に訪れたことがある。しかしそのように言えたのは兄を死ぬ覚悟で肯定する父親が「偉大に思えた」からであったと気づいたことがある。言い方は様々だがつながりが感じられたら分かちあえるものだ。

悩みは解決しないが解消される

一人ではないと思えることが生きる元気に

相談では、悩みを解決できなくても、人と人とのつながりの中に身を置くことで「とらわれ」から解放されることに気づいてもらいたいと努力している。なぜなら、抱える現実の苦しみは何も変わらなくとも、1人ではないと思えると、主体的に生きようとする元気が湧《わ》いてくるからだ。

相談室に中学2年の男子が一人で訪れた。「母親は高校に行っていないのに、進学校に行けとガミガミ言うので〝受験拒否〟の宣言をした。親に話せない悩みがあるに違いないから、カウンセリングを受けるようにとうるさいので仕方なく来た」と彼は面倒くさそうに話した。

母親の一方的な思いの強さに少し反発してみたかっただけのようだったが、母親の不安が増すにつれ、彼は「誰も自分の寂しい気持ちが分かっていない」と家族への不信が募り、死をも口にしていた。「仕方なく来た」彼の悩みに話が集中しないように話題を広げて尋ねた。

「お父さんの兄弟はどこに住んでいるの」「田舎の祖父母はお元気ですか」「弟（小学5年）との思い出は…」

彼はランダムな質問に面食らいつつも、わずかな記憶を頼り、相手の存在を心に意識していくようだった。それは「命」のつながりである。

「お父さんもお母さんも厳しい環境で育ったんだね。いろいろあったんだね」

「だから母はぼくにガミガミと言うのかもしれない。母の期待には応えたいけれど、息抜きもほしいんです。3年生になると勉強も忙しくなるから、弟と2人で春休みに母の田舎に行って祖父母と会ってきます」

彼は〝受験拒否〟の撤回はせず、相変わらず無口だったが、この春休みの行動だけで、母親の心が安定していったのだから不思議である。母親にとっては「命」のつながりをわが子が察してくれた喜びが何よりの〝春〟の到来だったのだろう。

同じようなうれしさは私の家にもあった。同居する母がこの年の2月に浄土に還《かえ》り、四十九日忌もすんだとき、妻と会葬者名簿の整理をしていた。私や妻の両親から広がる親せきの芳名帳に、長女(28)の字でたどたどしく「つながり」が記されていたのである。

私は母の葬儀の合間をぬって、日ごろ会うことのない親族に集まってもらい、一人一人をエピソードとともに紹介した。その上で「娘たちのこともよろしく頼みます」と関係を印象づけたのである。そしてこのささやかな場面で、親族間の確執も「つながり」をていねいにたずねてこなかったからだと分かち合うことができた。

1人で生きているわけではない。そんな命の継承は大げさな授業実践に頼るまでもなく、私たち大人が日常から掘り起こしていけばいいのだ。

親子関係が泥沼にはまったら

誕生の時の秘話で修復

おとなしい子、粗暴な子に関係なく、母親に向かって「どうせわたしなんか望まれて生まれてきた子じゃないんだ」と捨てぜりふを言うことがある。その時、不安な子どもの八つ当たりと、母親も、じっと黙って聞き流せばいいのに「こんな子なら本当に産むんじゃなかった」と返して泥沼の親子関係に入り込んでしまうことがある。

そんな時私は、しばらく時間をおいて、母親以外の家族がその子の0～1歳ころの話をしてみることを勧めている。

押し付けがましくなければ、親子関係はそれで修復する。特に子どもがほほ笑む場面は、母親が必死にわが子と会いたいと願っていた誕生の時の秘話なのだ。「お母さんはこれほどまでに頑張って産んだ。会いたくて会いたくて待ち望んでいたんだよ」と母親に代わって父親や祖父母が克明に語ることで、子に「愛されている」との思いがよみがえるのだ。

私にも9月6日、大切な瞬間が訪れた。

出張先から昼ごろ帰宅すると臨月で里帰り中の次女と妻が不在だった。私は病院の産婦人科外来に急いだ。長いすに伏す娘を囲むように妻と婿がいた。午前4時に娘は妻に「陣痛が始まって出血した」と遠慮深く言ったそうだ。すぐに妻は娘に寄り添い病院に駆け込んだが助産師と相談し、「出産ぎりぎりまで頑張ってみる」との娘の自然分娩《ぶんべん》への意志を尊重し自宅へ帰ったようである。私の帰宅時は、陣痛が1分間隔になっていた。

車いすでの移動を断り、歩いては伏し、伏しては立ち上がり分娩室に入る娘。私と妻は「あんなに病弱だった娘がこんなに根性があったとは」と口を合わせ、子への思い、母親になることへの気構えに感嘆した。

2時間後、私たち夫婦に初孫が誕生した。分娩室に入ると、顔面蒼白《そうはく》の娘が精根尽き果てた感じで台の上に横たわっていた。「よく頑張ったね」。私はかたわらで、婿の抱く孫に目をやりながら、娘をねぎらう気持ちで声を掛けた。と同時に、「無事で良かった」との思いがわいた。正直、孫より娘がその時はいとおしかったのだ。そして安堵《あんど》していく娘を確認しつつ、孫へのいとしさもわいてきた。孫もかわいいがわが子に余裕がなくなれば、私も祖父ではなく父親に戻って子がいとおしいのである。

翌朝も娘は夜の授乳で寝不足だが、乳首にくらいつくわが子を見つめ、家族の目ももう気にしないようだ。私もいずれ迎える孫との対話に備え、尊い秘話を心の中に大切に宿すことができて嬉しかった。

ぞっとする表現の背景

吐露できない寂しさ

「大人」とみられる年格好をしていても、社会の構成員として学校や職場、あるいは小さなまとまりのある場に所属し、人との生身のやり取りを強いられると、コミュニケーション不全が起こり孤立感を深めて、心が引きこもり状態になっている若者たちがいる。見た目はおとなしいがどこか冷たさがあったり、極端に周りに合わせすぎる面も感じたりする。そして独りよがりの頑固さを垣間見ることもある。

対人関係の悩み相談を通じて私と分かり合えてくると、「猟奇的」「犯罪的」表現を得意気に口にし、荒れた感情を吐き出す若者がいる。「仲の良い男女を見ると持っている傘で割り込んでみたくなる」「さっさと歩けと突き飛ばしたくなる」といった具合で、妄想的な心配もあったりする。ただ、それは薄気味悪い映画のせりふや、文章の切り張りだったりもする。また、人の深層心理をえぐった本のセンセーショナルな言葉にも思える。時にはしぐさまで付けて表現するその言動に、どんな隠された気持ちがあるのかと、推し量り聞いていると、「かまってほしい」「相手にされたい」という心の寂しさが切なく迫ってくるのだ。怖くもありぞっとする表現だが、それを口にすることで情緒の安定は保たれているようだ。

それだけに思わず若者がこんな形でしか胸の内を表現できないこれまでの人格形成に、私の気持ちは動いていく。そして、親しくなった間柄に免じて、私は苦言を述べる。「友達や身近な人にそんなことをしゃべったらびっくりするだろうね。まして、見ず知らずの人に言ったら避けられてしまうよ」と当たり前のことを言う。避けられたくないから、彼らは既にいつも口数少なくおとなしくしているのだ。

対話することが苦手で、拒絶や誤解も嫌なので、ぞっとする表現は親にも打ち明けていない。だから自室や人がいても無関係な〝安全地帯〟では、独り善がりな妄想を、ぶつぶつと一人ごとで吐いて高まる寂しい精神的ストレスのガス抜きをしている。

だから、相談室という「安心・安全」な場で相手もいて「怖くぞっとする」気持ちを吐き出せることは、心の浄化と存在を肯定された満足感になる。

「グロ（グロテスク）」を話すと、身を乗り出して関心を寄せる私に興味を持ってたびたび面接に訪れた女性(23)がいた。彼女は普通の会話がしたくても頭に浮かぶ言葉と口にする表現が上手く一致せずに、グロになってしまい友達がいない。自信の無さのサインである「ひょうきん」をからかわれ、いじめられてきた育ちがあった。誤解の悔しさが憎悪となり、グロを表現することで、落ち着いた。しかし、猟奇的な青少年事件（例えば神戸児童連続殺傷事件）をニュースなどで見聞きすると、精神的な病を自らに感じることもあったようだ。

私は「グロ」にして言ってみたい気持ちを細かく他の感情表現に変えて言ってみるように面接した。「腹が立つ」「むかむか」「心細い」「悔しい」といった言葉だ。彼女は「心の中が優しくなった」と、友達に声を掛ける勇気を得て、面接を終えた。

ただ、打ち明けなかったとはいえ、両親はこの間の彼女の葛藤やコミュニケーション回復の努力を知ることはなかった。ただ聞いたとしても、わが子の言葉にぞっとしたことだろう。

猟奇的でぞっとする事件の報道に触れるたびに、事を起こした後の供述が猟奇的表現を安心して話せた初めての場であったように察すると「もっと先に吐露できていたら…」と切ない思いになる。

「育て上げ」とは

生涯かけて認め合う

高齢者に親子関係の話をすると、わが子の子育てに触れて、「育て上げ」という言い方で感想をいただくことがある。「いろいろあった子ですが、親になりました。私もこれで育て上げた気がいたします」と。

親にとって「育て上げる」とは、子が定職に就いたり、結婚したりすることのようだ。ただ、わが子に先行き不透明なことでも起これば、ほっとできた思いもすぐに消えて、「育て上げ」はおあずけになる。つまり、親である限りわが子が何歳になっても明確な「育て上げ」などない。

年齢を重ねて、成人している子どもであっても、親の生涯をかけた子への精神的苦労を感じると、いじらしいほど親孝行になるものだ。

70歳代の老夫婦が高校卒業以来、他者との触れ合いを求めながらも「人と上手に付き合えない」との理由で引きこもる一人息子のことで相談に訪れた。

きっかけは東日本大震災から1年で、たびたびテレビ放送された津波による高齢者の死だった。彼が両親にひざまずいて言ったそうだ。「子どもとしてなんの親孝行もできていない。親は子どもを育て上げることに幸せを感じると聞いたことがある。僕は高齢でいつ死ぬか分からない両親に幸せを与えられない。自分もいつ死ぬか分からない」と。

両親が息子から「死」という言葉を聞いたのは初めてだった。親に暴力の一つもなく、家事手伝いを続けてくれた親孝行に感謝しているだけに、その気持ちの伝え方に両親は悩んでいた。

息子は数年前から両親が体の不調をこぼすとすぐに「病院に行け」とか、「楽しいことをしているか。旅行でも行きたいところがあったら行ったほうがいい」と勧めていたようだ。そこにはわが子のために体を壊したり、楽しみもできない、そんな両親にさせてはいけないという彼なりのけなげな親孝行があるように私には思える。

「親と子が互いの事情をいたわり合う。ご両親はそんな心を育て上げてきたのですね。具体的に『今日も一緒におまえと〇〇できて良かった』と息子さんに照れずに声を掛けることですね」と助言した。

育て上げとは親と子が生涯をかけて互いの存在そのものを肯定し続ける関係に辿りつけることだ。成果主義的に「一丁上がり」で卒業する話ではない。まして子育てを「費用対効果」などと冗談でも口にする親にはなりたくない。

子育てに手遅れはない

父と子の触れ合い

子にとって父親とは疎《うと》ましい存在だ━、子どもも中学生ぐらいになると父性性の強い親とは口をきかないものだ━。こんな感じでわが子と会話をせず、顔を合わせないことが世間の有り様と気にしないで思春期の親子関係を過ごしてきた父親たちがいる。

その多くは日本の経済成長をベースアップで実感してきた団塊の世代（戦後のベビーブームの時に生まれた世代）が中心層だ。だから、自分に反抗する妻子には「誰の稼ぎで飯が食えていると思ってるんだ」と会話の芽を摘むような言い方をしていたのである。そして、家族よりも職場の人間関係に葛藤や喜びを分かち合ってきた父親にとって、家庭は触れ合う元気も出ないほど疲れて寝るだけの場であった。

そんな父親たちの子もすでに40代後半。大卒、無就労、引きこもり状態の子もいる。でも、親や祖父母の蓄え、年金で経済的に追い詰められることも少なく、険悪な状態にならない限り1日が滞りなく過ぎているのだ。

ところが、父親にとって、老齢化する自分と高齢化するわが子との間で気楽に会話したり顔を合わしたりする触れ合いができないことはつらいものだ。なぜなら、内心は厳格な父親ではなくマイホームパパとして週休2日の1日は家族サービスしてきたつもりだったのだ。だから勤めたり、家庭を持っていたりするわが子であるのに、その子と、腹を割って話せる関係になれないと悩み、相談室に訪れるのである。

後期高齢者の父親は、離職後3年経過しても雇用先の決まらない40代の息子との黙り込んだ日々に親としての無力さと悔いがあった。サービス残業の息子に対して「安くてひどい労働条件の職場だな。労働組合もない会社なんか会社じゃない」と言ったことが離職のきっかけでもあったからだ。

「恵まれた時代に生きたおごりでした」

息子の就職よりも自分との信頼関係を願うその父親のひと言だ。私は、息子の存在を気にせずに、時代の巡り合わせにかまけて家族へのいたわりを怠っていた―と素直につぶやいていくことを助言した。そうすると妻や子の嗜好《しこう》にも気づけたのだ。

「妻の留守に息子が上手に焼き肉を作っていたので、『お父さんにも』と言ったら『うん』と小声で答えてくれました。心で万歳でした」

やっと巡り合えた息子との万感のひととき。父親の子育てに手遅れはない。

被害者への心の援助

「心の弱さ」「隙」となじられて

自分は犯罪の加害者にも被害者にも絶対ならない、と断言できる人がいるだろうか。そう思っても断言はできないだろう。めぐりあわせでいくらでも状況は変わるからである。何度気づいても同じ過ち、罪を繰り返してしまうのが人間だ。また日常を細心に過ごすよう心掛けても不条理な出来事を完璧に防ぐことはできない。

最近は、「いじめは犯罪である」という認識を子どもも大人も共有化する状況にある。このような状況で、正義や倫理観だけで「加害者にも被害者にもならない」と言い切ると、人間の個別固有な心の葛藤を語り聞くことから遠のくことになると思う。加害者や被害者の周りにいる者にとって大切な心得は、分かったかのような言い方や気持ちにならず、まず立場を察して傾聴、分かち合うことだ。それが「私も当事者になる1人」というメッセージである。

教育的配慮のある加害者に比べ、「納得いかない」不条理な精神的苦痛を抱える被害者やその家族、また加害者家族の心の援助が意外に不十分だ。結果、人間不信という孤独感から2次被害として心の病を抱えたりする。

A子さん(18)は中学生のとき補導〝仲間〟だった男友達から性的被害を受けたと言う。彼女は両親や相談した教師の助言で学校へ行くことをやめ、遠隔地の共同生活型の合宿施設に入った。卒業後に自宅へ戻ったが、「納得いかない」中学時代のいじめや補導への「転落」をむなしく口にするしかなかった。その中で誰にも語れない「忘れようとしてきた」事実が母と子の間で交わされ「娘の心の弱さ、隙」として蒸し返されたのである。そして、引きこもりがちだったA子さんは次第に家出を繰り返しては、精神的に依存している成人男性たちの家で度々保護された。彼女がつぶやく。

「ワルだった私の話を親も教師も聞いてくれたが時間切れで軽く扱われた。今までの事は忘れてやり直せ―としか言ってくれなかった。私は同じワルでも被害者だったとただ認めてほしかった」

そんな彼女がその心を打ち明けたとき、そこに居て、ただ「おまえは悪くない」と聞いてくれたのが「世話」になった成人男性たちだった。そして彼女の話によると、この男性たちもかつて親や周りの「大人」の暴力による被害者であった。さらにその加害者である「大人」の社会的地位に差はあまり無く、それだけにすでに「成人」でもある男性たちの話にA子さんは「大人不信」で同感できた。そして互いに心の〝被害者支援〟をする〝依存〟関係になっていたようである。

関係の取り方で立場が変わる被害者、加害者、そしてその家族。この孤立感から一人一人が自らのアイデンティティーを取り戻すには自己一致できる傾聴者が助けとなる。

親に似てきた私

声やしぐさで心つながる

82歳で浄土に還《かえ》った父。晩年は同居し、双子の孫たちが小学校に入学するまで、母と一緒に孫の「子育て」にあたふたしていた。もう30数年前のことだ。私は昔、父に子育てらしいことをしてもらった思い出がほとんどない。ただただ気性も激しく老いても体力の衰えのないような「怖い人」だった。それだけに、晩年に愚痴をこぼしながらも共働きする私たち夫婦を気遣い孫をあやす姿に和解の感情がひしひしと込み上げてきたものだ。

その晩年の父が、このところ就寝中に私の口を通してよく出てくる。私が、亡くなった父と同じことをやっているのだ。

「おい、おっかあ（母のこと）！」

深夜、父は突然大きな声でそう言って、ぐっすり寝入る母を起こしたものだ。

「なんだね。またかね。うるさいな。ここにいるよ！」

母はやり切れない声で怒った。小さな家なので私には両親のやりとりが聞こえた。不安になり耳を傾けていると、2人は再び眠りについていくのだった。

私の場合も「おい」と声を掛ければ妻も「何」と驚き答える。すると両親の心が得心できるようになった。

身近な夫婦ゆえに起こった父の晩年への焦り、さみしさ。そして40年間近く、再婚同士で生き抜いてきた関係を、母が肯定的に「いつまでも一緒にいるよ」と受けとめていたのだ。父は母との思い出を原風景にして「還る家」の眠りについていたのだろう。

私も若いとは思いつつ、旧知の逝去が気になる年齢だ。人は今夜の命さえ当てにならない身であれば、年齢に関係なく晩節を生きている。思えば、私は父や母の晩年を思い出し、人のはかなさとけなげさを忘れまいと声やしぐさまでまねていたのである。いや、似ていない親子と思っていたが、似てきたのだ。

家事全般を口やかましくしてくれていた母の晩年は急だった。その時の口癖は、焦るように言う「わしゃ（私は）知らんぞ（しっかりしろよ）」だった。それは母の生き方、暮らし方を死ぬ前に言い残すことがないようにとの継承の決めの言葉であった。倒れても、テーブルの隅を握り直して語る姿はいじらしく、そして死の瞬間は91歳でもはかないものだった。私も今、同居する娘夫婦や孫に向かって「俺は知らんぞ」と母の口まねをしていることがある。やはり子は親を肯定できないとなかなか自分を肯定できないものだ。

子育ての最後は親の死に際。その親といつでもつながるまねができて私は果報者である。

「へそ曲がり」の真意

止めを刺す言葉に気づかされて

少し疲れることもあるが「へそ曲がり」な人に魅力を感じるときがある。「人間としてそれでいいのですか」と鋭く問いかけてくれているように思えるからだ。突っかかる言い方もきっと誠実に生きようとしているのに誤解されたり、裏切られたりして、ぶつかることにも疲れた経験がへそを曲げさせたのだろう。だから長く関係を続けているより、直線的な言い方で相手の本心に迫り判断する。だからその止《とど》めを刺すような言葉を避けずに深く対話していくと、意外なほど素直に接してくれたりするのだ。

成人後、あることをきっかけに長く引きこもり状態にあった女性がいる。聞けば、そのことでずっと周りから偏見や同情を受けていた。彼女はカウンセリングを学ぶことで人との出会いに喜びをもてるようになった。そこで自立支援施設に傾聴ボランティアとして通うことになった。利用しているメンバーに素直な気持ちをこぼした。

「みなさん、優しくてあたたかくて、一生懸命で、私は心が洗われました」

するとメンバーの男性が彼女に言った。

「満足したらお帰りください。あなたに優しく、あたたかくすることに疲れました」

彼女は男性のストレートな言葉に「傷ついた」と再び引きこもり気味になった。その場で抱いた違和感を互いに確認しあうことなく、彼女は「2度と行かない」と誘ってくれた知人に繰り返し嘆いている。

なぜ彼女の言葉に男性はへそを曲げたのか。彼女のその表現や態度のどこかに「棲み分け」の不愉快、あるいは偏見を直感したのではないだろうか。ただそのことを彼女は察することができない。なぜならいわゆるアイデンティティーがばらばらになり過去から現在までの心のつながりを見失っているからだ。つまり過去の自分の存在と早く決別したかったのではないのか。無意識の中で被差別者が差別する側にもなるということである。そこに男性は気づいてほしくて「へそ曲がり」になったのではないだろうか。

一方、体の不自由なある青年は「甘えるのが下手で友だちができない」と悩み、グループ活動を面倒くさがっている。彼は体のことをいたわって「つらいですね」と声をかけてくれる人に対して反射的に、冷めた感情でこう言ってしまうのだ。

「あなただって体以外のことで悩んだり、つらかったりしたことが1つ、2つはあるでしょう」

するとほとんどの人は怖がって、それから後は近づいてこないようだ。彼は、「やっぱり本気ではなかった、同情のレベルだ」という諦めと、自分自身もこのように止《とど》めを刺すような言い方で人とつながれない不信感にじだんだを踏んでいる。

止めを刺す言葉の真意は「あなたもこの話を避けないで向き合ってみませんか」という

ことにあるのだ。それが屈折した「へそ曲がり」と何度も受けとられてきた悲しさ、空しさが「不信感」になっているのだろう。

こうして気づけば私たちの心の中には、おぞましいほどの人に対する予断、偏見や差別の感情があり、そのことから無関心でいられる人はいない。「差別した覚えはない」と開き直るのではなく、自分の無意識と向きあい、断ち切らない関係の中で互いの心を分かちあいたいものだ。だから「へそ曲がり」の人の止めを刺すような言葉にも本質に出合う機会として感謝したい。

ところで長崎県佐世保市の高校1年女子殺害事件では、逮捕された同級生の女子に対して、勉強もできる「いい子」がどうしてと、雑誌などで犯人像が練り上げられた。勝手にほめて、勝手に批判する私たちのその場限りの無責任な心が問われる。

そこに予断や偏見の入り込む市民感覚はないか。「〇〇だからする」「〇〇だからしない」と安易に他人事として流していく人の心のもろさに、少なくとも大人は謙虚でありたいものだ。「あなたも他人事ではないですよ」と突っかかるような言い方で尋ねてくる人がいたら素直に「本当ですね。忘れていました」と感謝することである。すると言った人もへそを曲げないですむかもしれない。

※佐世保・高1同級生殺害事件

長崎県佐世保市で2014年7月、公立高校に通う1年の女子生徒（当時15歳）が殺害され、同級生の少女が殺人容疑で逮捕された。長崎家裁は15年7月、「刑罰による（再犯の）抑止効果がない。長期間の治療教育で矯正の効果が期待できる」として、加害少女を医療（第3種）少年院に送致する保護処分を決めた。長崎地裁は、加害少女を、共感性が欠如した重度の自閉症スペクトラム障害の中でも特殊な例とし、環境の影響も指摘。小学5年で猫を殺し始めるなどの問題行動に対し、適切な対応が取られず、中学生で殺人欲求を抱いたとした。

成果主義に陥る子育て

かばい守る母性、大切に

最近の相談で、「かばう」とか「見逃す」といった母性的な子育ての大切さを理解できない親と出会うことがちょくちょくある。

厳格な父親と優しい母親というすみ分けの社会でなんとなく育ってきた昭和生まれの私としては、かばい守る「母性」を母親に期待しがちだ。

それが時代錯誤だと承知で思うに、条件なしでわが子を支える心を、母親たちと阿吽《あうん》で分かちあえないさみしさもある。よく耳にする「輝く女性」というフレーズが、子育てまでも成果主義にのめり込ませている気がする。

この2年間、学校は休むことなく通っているが、両親との会話がまったくない中3の長男について、ある母親が相談に訪れた。学校やまわりの人からは賢い親に育てられた問題のない「いい子」と見られている子どもである。しかしこのところ母親には、親との気持ちの交流を避けているように見えた。そこには「世間を震撼《しんかん》させる事件でも起こすのでは」との不安もあったのだ。

両親ともに仕事をしており、母親は夫と離婚しても一人っ子の長男と十分に生活できる自信と能力をもっている。幼児期から子育ては、母方の祖父母や保育園に助けてもらい、仕事への支障はなかったという。長男のことで困った記憶はなく、会話の減った2年間ですら「仕事中心」の生活ができたそうだ。今も具体的に困ることはないという。2年前からの長男の変化を尋ねて母親は答えた。

「中1になって成績が上がらず、選んで入った部活でもやる気がありませんでした。夫と私は子どもを中心に問題点を洗い出し『できないことよりできることで考える』ように言いました。その指導が会社での部下への教育でも成果を上げていました。子どもは思った通りできて伸びました。だから会話の減ったことも気になりませんでした」

母親は長男から弱音や愚痴を耳にすることが今もないそうだ。母親が私に問い返した。

「明らかな問題点を許し、聞いてあげることにどんな意味があるのですか。その時間を有効に生かし改善したから、子どもは伸びたのだと思いますが」

許しあう家族や家庭の隅々に、生産効率的な見方を導入したら、気を楽にして弱さをこぼし励んでいく希望はもちにくいものだ。

親になってもほめてほしい

ドラマチックな関係語り継いで

子育て中の母親（42）が自分自身の親との関係を振り返りつぶやいた。

「親に愛された記憶はあります。でもどんなところを愛されたのかわからず、今でも親にほめてほしいと思っている自信のない私です」

子育てが大事なくまわっていれば内省することもなく、このような葛藤はなかったようだ。ところがわが子に手に負えない状態が長引くと、親として子への愛し方に欠落があるのではないかと悩む。虐待したことがなく、ごく普通に愛して育ててきたのにだ。

すると、とりわけ自分への実母の子育てはどうであったかを、解決への手がかりとして思い返したりする。この母親は大過なき暮らしぶりだった。恵まれていると言われればその通りである。しかしその親の愛情の掛け方がのっぺらぼうで、心に刻み込まれる印象的な場面が思い出されないのだ。

親に対し心の傷を持っている人にはぜいたくな話かもしれないが、「無償の愛」が実感としてないのだ。自身も親の身でありながら実母に「ほめてほしい」と願うのは、どんな状態の時でも必要とされたという「還る家」のメッセージが心に届いていないからだ。それが子育ての危機を迎えて自信のなさにつながっているのである。さらに相談者の中には、思春期のわが子から「私に自信がないのはお母さんの責任だ」と迫られている親もいる。

不適切な表現だが、日常の子育てにいのちに関わるドラマチックな親子関係が語り継がれていないのだ。けんかしても仲直りできた、傷ついても癒やされた、病から回復した、不信を経て信頼を築いた――。こういった親子のやりとりが、ドキドキやハラハラ、ほっとするつながりとして心に「風景化」できていないのである。だからドラマチックなテレビ番組や映画を見ることで、どの場面で何に愛を感じたかを「学習」し、日常はその努力をせず手を抜いてしまうのだ。

世代を超えて親は子に、いのちの危機と救いの経験を、髪振り乱して乗り切ったという事実を「風景」としてときに虚実取り混ぜて具体的に物語ろうではないか。

そして親の心身の「老い」を子に悲愴感なく語り見せていくことである。「親も死ぬんだ」という現実感がいのちのメッセージとしてその心象を風景化するのである。

現代の「すねかじり」

お金のゆとりが息子を生殺しに…

自分だけでも生活できるお金を、世間に迷惑をかけない形で稼いでほしい――。年齢は成人になっても「経済的自立」が定まらないわが子を、老いを感じつつ案ずる親の心である。一方、親や身近な人と暮らしていければ「精神的自立」だけでもなんとかなると思っている成人もいる。自分（個性）に合わない仕事までして働かなくても「家（親）には経済力がある」と分かっているのである。

親の懐からぎりぎりの生活ぶりが実感できないために、親に悲しい思いをさせずに喜んでもらえる「経済的自立」へ弾みがかからないのだ。親のすねかじりのような話はいつの世もあるが、経済的豊かさを目指すなかで、その負の部分をわが子にさずけたシニア世代の苦労も切ないものだ。

ある母親は、教員をしていた時代に責任ある地位を担って活躍し、今は企業で若々しく働き報酬を得ている。同僚だった夫も念願の研究者生活をしている。

この母親が、両親に反発し嫁いだ長女にせがまれて、長女の弟である長男のことで相談に訪れた。

「長女が、5年近く勤める気もない長男のことで『弟の面倒はみない』と私に強く言ってくるので、相談にきました。暴れたり、病んだりしているわけでもないので、危機感はなかったのです」

長男は国立大学卒業後、予備校や高校の非常勤講師をしていたが、職場の人間関係を理由に辞めて無就労状態だった。この間、友人との交流もあり、親の助言から大学院の修士まで終えている。長女は平和に過ぎていったこの期間が「子育て放棄」だと言ってきたのである。

母親は長男のぜいたくな金づかいに気づき、月の小遣いを減らした。「私たちの収入も減ったし、親はいつまでも生きているわけではない」と言ったら、長男に「もう1度、大学院に行くなら金を出すと言ったじゃないか」と返されたそうだ。「お金のゆとりが息子を生殺しにしていたことに気がつきました」と母親は話す。

親のぎりぎりの生活にふれることなく、当たり障りなく育ち、親代わりとなる大人とも出会いのない若者。「関係の貧困」にあえぐ「すねかじり」に対し、親はどう「頼りない存在」になればいいのか。それは共依存関係に気づきそこは「何もしない」ことである。

易きにつく予断と偏見

人格のラベリングを憂う

心の緊張が強張る表情になり、そのことで予断と偏見の対象にされてしまうことがある。コミュニケーション不全の「引きこもり」に悩む人たちにとってもこのことは対岸の出来事ではない。

犯罪事実は素直に認めても、事件に関わる人たちの偏見にやり場のない悔しさを訴える若者がいた。罪を犯した人間の言い訳、不満は言語道断として受けとめてもらえないのか—とキレそうにもなったそうだ。「開き直るのか」と厳しくとがめてくる人もいた。

だから、心身ともに社会復帰に向けて準備をしていても、人間不信になりがちだった。だがそれでは将来への希望がもてない。そこで信頼回復できる出会いを自らに言い聞かせていた。時が過ぎて被害者の傷も忘れたかのように独りよがりな正義を説く人を見受けるが、彼はけなげな人である。

今も青年は耳の奥から、事件を通して出会った人たちの声が聞こえるようだ。

「あやしい顔をしていた」

「やりそうな人間だと思っていた」

聞こえてくる声の主には顔見知りだった人もいる。そして父親もその1人である。

彼は少年時代、口数が少なく、正直で真正面な子だったようだ。だから誤解されないように会話よりも文字で自分の考え方や気持ちを表現する方が向いていた。見た目はおとなしくても文字には、激しくストレートな感情も書けた。また、世俗的な「しらじらしいこと」には不快感をもち厳しさもあった。

そのためか人間関係を築くのに時間のかかる少年であり、そしてそのまま成人となったようである。

しかし彼がこんな「くせ」や「こだわり」を必要とするには、そうせざるを得ない人格形成、生い立ちがあった。外見ではわかってもらえない父親の強迫的言動や酒乱に幼いころから緊張し、神経をすり減らして、心に慎重さと人間不信を抱いたのだ。人に対して「あやしい顔」になるのは緊張感であり、「やりそうな」挙動不審は慎重さの表れだったのである。彼は、その葛藤が誰にも肯定されてこなかった、というのだ。

「困った人」「変な人」との思い込みから人に対して予断や偏見をもち、冤罪《えんざい》すら招く市民感覚はないだろうか。仮に犯罪が事実だとしても、予断や偏見が許されていいはずはない。とかく人格をラベリングしがちな社会にあって、私たちは意識して内なる偏見と向きあう日常を大切にしたいものだ。

閉じ込められた孫の救助

親より出過ぎない難しさ

娘夫婦と同居する私と妻は、2歳半になる孫の男児の命が懸かった緊急事態に直面し、親よりも出しゃばらない難しさを初体験した。

ある日、玄関を飛び出していった娘が、孫の名を呼びつつ泣き叫ぶような声で「(車の)鍵しめていて自分では出られないよ!」と台所にいた妻や私に助けを求めた。あわてて駐車している自家用軽自動車に近づくと、いつ覚えたのか孫がキーを差してエンジンをかけ、手招きして出発を待っているのだ。運の悪いことに、スペアキーは車内にある娘の手さげ袋に入っていた。

娘や私たち夫婦は閉められた窓ガラスをたたいて「キーを抜いて、そこを引っ張って！」と指示するのだが、孫はなんのことか分からない。車が走りださないか不安で私たちの表情は険しく、笑っていた孫も泣きだした。

この騒ぎに仕事で夜勤明けの父親も起きた。事態を冷静に判断し、自ら即刻、車の販売店に電話するも、担当者は休み。車の保険会社に連絡がつき、近くの鍵屋さんを派遣するとのことだった。数分後、私は緊迫感から保険会社に「一刻を争う」と連絡すると「119番して車のドアを壊してもらったらどうですか。子どもの命もありますからそれは親の判断です」と言われたのだ。

会社の対応に落胆しつつも、「親の判断」というひと言に私は、親を差し置いて心が先走っている自分に気がついた。車にぴったりと顔をつけ必死に声をかける娘や妻。孫はその表情から自分の命の危機を感じとったのか、車内から抜け出そうとひっくり返りながら手でドアをたたく。父親が119番通報した。親の覚悟を自覚する瞬間だった。

待つ方が気持ちは早くなる。この間、いろいろな緊急策が浮かんできたが、そのたびに私は妻や娘夫婦に「最後は親が決めること」と自分に言い聞かせるように言っていた。消防車、救急車、パトカーと次々と到着。特殊な方法を使いわずか数分間で車の窓が開き、消防署員のアドバイスもあって娘が救出者となり、孫は笑顔で抱きかかえられ出てきた。気づけば見当たらなかった妻は、20人程の署員に丁寧に頭を下げていた。それも妻の、娘夫婦を思う「母としての判断」だったのだろうか。

母のみ一人占めしたい子

母をねぎらう父の姿で変化

子どもにとっては、同じ親でも母と父では慕う気持ちに温度差があるように感じることが、相談や私自身の体験からもある。そして、それは母の胎内に育ち、母の命と引き換えるかのように誕生した子と母の関係の真剣さである。だから子は母の存在を無条件に肯定したいのだ。厳しい状況のなかにあっても、母を肯定しないと自分を肯定できないかである。一方、父に対しては抗《あらが》うことで無関心でないことを確かめようと、切ない「努力」をしていたりする。しかし父は、わが子のためならばと髪を振り乱す母ほど腹が据わらない場合がある。子と向き合えば向き合うほどかみ合わず、親としての無力さから再び無関心な言動になったりする。

過去に相談を受けた中でこんな話があった。父親は定年後も非常勤として公務に多忙である。そして、一日のほとんどを自室に閉じこもっている20代の娘とは話すことも顔を合わすこともなく数年以上も一緒に暮らしていた。娘のいら立ちから起こる母親への暴力を止めようと、介入するたびに事態は深刻になるので、いつしか親であることを意識しないで「何もしないことが平和」となっていた。しかし、娘と「命懸け」の日々を過ごす母親はこの現状に孤立感を深め、「産んだ母親が悪い」と言って薬も必要なほど心が疲れていた。

突然、娘が頼りにしていた母親と2人で近所のアパートで暮らすために父親と母親に部屋の用意を指示してきた。母親と娘の穏便を考えて、父親は承諾した。ところが母親が「私の自宅はこの家」と拒否し、準備した父親に「なぜ妻を手放すのか」と問い、失望感を訴えた。父親は娘を遠ざけてきたことを妻（母親）に認めつつ、これまでの夫婦関係を振り返り、ねぎらういたわりの言葉を掛ける日々に変わっていった。

「親父（ジジイ）がお母さんに優しくなった。認知症になったのでは…」。しばらくして娘が母親に苦笑してつぶやいた。気が付けば父親の携帯にも娘の「悪態」のメールが入っていた。それはかまってほしいという娘の父親を肯定する照れ隠しのメッセージだったのだろう。

子は父親の妻をいたわる姿を垣間見て、胎内に父親もいたことを肯定できるのだ。子はいかなる親でもその親を肯定できないと自分をも肯定しづらいという人生の課題をかかえている。

子どもの「報われなさ」を癒やす

瀬戸際の親子関係

わが子との関係で、にっちもさっちもいかない瀬戸際に立つ親が相談に訪れる。聞けば、事件と背中合わせの状態に置かれていることもある。そのほとんどは医師や警察に尋ね、即効を期待してみたのである。ただ、子どもの人権の問題もあり、「無理な処置はやめて子育てを見直して様子をみましょう」との助言をもらって日々を過ごしている。そして、子どもの状態が親に対しておとなしくなれば「腫れ物に触らない」ようにして勤めや家事に気を回している。しかし、そんな親の日常に「見捨てられ感」を持った子どもは再び、「あんたたちの子育てで奪われた私の人生を返して！」と無理難題を突き付けてくるのである。

その段階になると、親も子どもに与えた子育て環境に反省したりする。なぜなら親もいったんお手上げ状態になった子育てを、わが子から微に入り細に入り指摘されれば、ふびんさもあって後悔の〝埃《ほこり》〟も出てくるからだ。

相談の多くはそんな場面でのかかわり方である。その時、私は「子どもの反抗の言動をも、けなげでいじらしいと思える感性を取り戻すことです」と言い切る。年齢に関係なく苦境に立ち往生する子どもが、どんなときでも親に理解し肯定してほしいと願うことは、けなげに生きようとしてきたことであり、それを親から「当たり前」だとされてきた「報われなさ」なのだ。これは手のかからなかった、いわゆる「いい子」ほど根に持つ思いである。

ところが順調に高度経済成長の恩恵を受けてきた団塊世代の親は、自分の親に「報われなさ」の感覚を持つ必要もなかった。戦後の混乱を余裕なく生き抜いていたからだ。それだけに、わが子の「報われなさ」がいまひとつ理解できず、「けなげさ」が思い浮かばない。

しかし、相談を重ねる中で、経済的豊かさの一方で見過ごしてきた親子関係の希薄さに気づく。すると子どもが忙しく動き回る親をわずかでも引き寄せようと、言いがかりまでつけて関係を築こうとしていた「けなげさ」に涙があふれたりする。

でも日常に戻れば、子どもの反抗的態度にけなげな思いは消えてしまう。しかし、再び相談室に来て嘆き悲しめば、「けなげさ」を取り戻し涙できる。

そして、こんなささやかな営みの繰り返しが事件を回避し、子どもの「報われなさ」を癒やしているのである。

性的少数者の生きづらさ

打ち明け、受容される社会に

同性パートナーを「家族」として公的に定める条例の制定が各自治体で話題になっている。国立社会保障・人口問題研究所の（釜野さおりさんらの研究グループが２０１５年公表した）調査によると、同性婚の法制化について「賛成」「やや賛成」とする人の割合は過半数に上る一方で、自分の子どもが同性愛だったら、「嫌だと思う」という人も少なからずいた。少子化にも関係がありそうだ。

そして、これを機にこれまで不登校、引きこもりの相談の場ではあまり触れられることのなかったセクシュアルマイノリティー（性的少数者）について話せる雰囲気が出てきている。親にもカウンセラーにも話せなかったＬＧＢＴ（同性愛、両性愛、性同一性障害など）の葛藤の分かち合いを、「同性婚」の話題だけで終えてはいけないということだ。

アルバイトを続けているが、親とほとんど言葉を交わさない「元気のない」20代男性が母親の勧めで相談室に１人で来た。

「相談することはありませんが、カウンセリングを一度受けてみたかったのです」。彼はいきなり「自分はゲイ（男性の同性愛者）」だと言った。そこに自己否定感や戸惑いはなかった。彼は私に抵抗なくゲイと言えることで、人格の肯定を実感したかったのである。変わった表現だが、親に打ち明ける時の「お墨付き」も欲しかったようだ。

聞けば、名のある進学校を高校2年の時に中退して引きこもり、20歳をすぎてからアルバイトを転々としてきた。これまで勉強に打ち込むことで、男性に関心や性的欲求があることを周りに隠してきたようだ。「同性なら誰でもいいわけではない」という気持ちは、彼にとって異性を好きになることと同じ自然な恋愛感情なのである。

でもそのことを「なぜ？」と聞かれても説明できず、誰にも話せない生きづらさを意識したのである。そして不登校、引きこもりの真意を「育ててくれた親」に話すことで「失望させる怖さ」を1人で抱えてきたのだ。その「親子の不幸」を回避する策がアルバイトに出ることだった。ところがそのことで「信頼できる」同性と出逢《であ》えたのだ。

人は父と母を縁《えにし》にして男や女である前に「人《ひと》」として生まれてくる。ＬＧＢＴの性的な生きづらさを「言ってくれてありがとう」と肯定できる社会が育つことで、それぞれの生理的機能も受容されていくのではないだろうか。

血縁より「結縁」

依存先を広げる

家族の相談を見ると、その悩みの根っこは「寂しさ」に尽きると思える。一人ぼっちの孤独感や不安を認めたくないので、親が悪い、子どもが努力しないと、すねて相手の責任にしたりする。「寂しいので話し相手になってよ」と素直にお互いが一歩踏み出して甘える勇気を育てきれていないのだ。

人は一人では生きられない。生きているということは、一人ではない、ということである。つながり、集団のなかにいるという意識を持つことで、不思議と現実のつらさは変わらなくても心の寂しさは軽くなるものである。

そこで小さなつながりを一つでも多く持って、その場が生きにくくなったら仲間集団を変えて寂しさを乗り越えればいい。つまり〝依存先〟を一つにせず、広げていくことだ。そのつながりの小集団として家族があると思う。家族は〝血縁〟から絶対的肯定の関係をイメージする。だから「家族の絆」などと言って親子関係のトラブルを通俗的、道徳的に説いたりアドバイスしがちだ。

しかし、恩愛の否定はしないが究極のつながりを肉親にこだわると、命のつながりである依存先を限定しがちだ。また、血縁としての家族へのアレルギー意識から人とのふれあいを避けて成長したために「ふれあいたいのにふれあえない」という引きこもりの苦悩を抱えることもある。

ある20代の男性は「うつ」の診断を受けたことをきっかけに、引きこもりから抜け出す相談に訪れた。「生まれた時からつながりの意識が無く、親とふれあった記憶も無い」とこれまでの家族関係を振り返る。

人は特別な事情がない限り、血縁関係で喜怒哀楽をたっぷり味わった後、第三者との関係に踏み出し、依存先を増やす。ところが今、効率化の中で血縁家族につながりのコミュニケーション不足が急速に進んでいる。

しかし、この現象は「家族」の本質を問う好機でもある。惜しみない愛着や対話などのかかわりがあってこそつながりが意識され、小集団としての家族が心に育つのではないだろうか。つながりの代名詞である家族は、「血縁」というより「結縁《けちえん》」と受け止めた方がよさそうだ。

相談活動も結縁と思えば、寂しさを感じた時に立ち寄ってもらえる「還《かえ》る家」の取り組みに手間を惜しむことなく励みたいと思っている。

中高年の引きこもり

老いへの不安と孤立感

高齢の親たちが、社会となじめない引きこもりがちな40、50代のわが子から「母親としての愛情を欠落した親に子育てされてきた」と責められている。戦中・戦後に児童期、思春期を生き抜いてきた、世間的には祖父母世代とも見られる親だ。

口にはしないが、親も子も「老い」への不安から「孤立感」を募らせている。「いい年齢」をしても、親以外の他人とふれあうことのままならない子は「死に往《ゆ》く身」の親と分かっていても、「生きる意味が分からない。死ぬしかない」と悪態や言い掛かりをつけて心の寂しさを紛らわしているのである。

このとき、親がわが子の訴えを気晴らしぐらいに受け止めて「この子も自分で死ななくても、いつかその日がやってくることを悟るだろう」と気長に構えて肯定的に見守っていればいいのだが、「開き直る」と事態は深刻になる。

夫亡き後、40代の一人娘と同居する高齢のA子さんはシルバーの会で同世代と親しくしているうちに、引きこもりのわが子と子育てをめぐって、険悪状態になっている親子が自分たち以外にもいることを知った。そして、茶飲み話の結びは「私たちだって戦争中、親からまともな愛なんてもらっていなかった。死にたいと言ったら、死ねと言われた。よく『ありのままの自分』を認めて育てられたかったと言うけれど、私たちはありのままの自分でいたら殺されていたわよね」という談笑になるのである。

ある日、A子さんは明治生まれの家父長制の親と、常に人間性を喪失する極限状況下の戦中・戦後に育てられ、封印してきた世代の怨念を、思わず娘に話した。A子さんは親子の葛藤について「親になる資質の乏しい中で母親になった。そこを娘に突かれたら『ごめんなさい』とわびるしかなかったのです。それを時代の責任にして開き直るのか、と責められているのです」と言う。

ところが先日、娘がふっと言ったそうだ。「今の親は子どもを甘やかし過ぎだ」と。そこで孫のいないA子さんも「祖父母世代も孫を甘やかし過ぎだ」と言って久しぶりに2人で笑い合い、話が弾んだとのことだ。

「戦争は、お国のためにと一人一人の心をガタガタにして、生まれてくる子どもまで冒してしまう」。A子さんの語る自分史を聞いて、人間の尊厳と幸福追求を誓う憲法の理念をあらためて思い返した。

カウンセリングへの抵抗

生身の対人関係をばねに

「自分の心を根掘り葉掘り分析される」場としてのカウンセリングへの抵抗、またその〝専門性〟から、人格変容される怖さを抱え、相談への敷居が高くなっている人がいる。

相談を日常の人と人とのかかわりだと思えば、カウンセリングを特別視する必要はない。人間誰しも、心の葛藤から抜け出すために自己分析したり、人との出会いに影響を受けて物の見方や考え方を変えたりしているからだ。

ところが急速に進む「対面し肉声で対話する」関係の希薄化は、独りよがりな日常をつくり上げ、対人関係の壁を高く厚くしている。それだけにカウンセリングという〝非日常〟であえて出会い、そこでの生身の対人関係をバネに世間という日常にかえり、人とのつながりの中で悩んだり喜んだりしてほしいのだ。だからこそカウンセラーには「悩める1人の人間である」という親近感と愚直さが大切だと思っている。

世間の一つである学校での対人関係に強い緊張感を持ち、数年間不登校を選んでいる少女(17)がいる。しかし「リセット」の期間も過ぎて同世代からの置き去り感に葛藤していた。母親のカウンセリングへの誘いに「会話術を教えてくれる人ならいい」と言ったことをきっかけに、私はカウンセラーではなく、〝コミュニケーションワーカー〟として少女との縁が結ばれた。

彼女は同級生には言えても、先生や上級生といった「目上」と、弱者や下級生には、「嫌」という不快感を与える「言い返し」ができないようだった。そこに至るまでの葛藤を根堀り葉掘り聞いて人格形成にも触れてみたいのだが、機械的に〝術〟の会得に入った。

私の問い掛けに「好き、嫌い、怖い」と「断定表現」で答えてもらった。とても緊張感が高まったようだ。次に「嫌いなような気がする」と言い換えてもらい感想を尋ねた。

「最初よりもあいまいな言い方で楽です」。言葉にはできない感覚を得たようでうれしそうである。こうした「融通表現」は、感情を決め付けない寛容さや人間関係は変わり続けることを教えてくれる。

「お母さん以外の人ともこんな言い方を日常的に練習してくれると僕もうれしくなるような気がします。僕に関心を持ってくれましたか。気持ちは言葉にできなくても伝わります」。相手が自分のことをどう思っているか、大人になった私も気にしていることに気が付いた。

親がしてくれた無償の手間

日常のささやかなかかわりから

カウンセリングでの相談や講演で出会う子どもたちから、「暮らし（衣食住）を親と共にした思い出がない」という少し寂しい声を聞く。それは、親と一緒にデパートへ洋服を買いに行ったとか、ファミリーレストランで家族と食事をしたといった即物的な話ではない。もっと生活感がにじみ出てくるような思い出が浮かんでこないのである。

子どもが安定しない親との関係から落ち着きを取り戻すには、「親に愛されていた」という感情に目覚めてもらうことが必要だ。子どもたちには、その確かなつながりを日常生活のささやかなかかわりから見つけ出してほしいので、私は皆さんにこう問い掛けている。

洗濯した下着を着たら、裏表反対になっていた。その時、お母さんが慌てて正しく着替えさせてくれたことを思い出せるだろうか。お弁当が必要なことを忘れていた時、冷蔵庫に残っていた有り合わせの食材でさっと用意してくれたお母さんやお父さんの姿を思い出せるだろうか——。

私の直近の話もしてみよう。幼い2人の孫は、寝る前に私たち祖父母の部屋に来て騒ぐ。しばらくして「今夜は一緒に寝ようよ」と添い寝すると、跳び起きて両親のいる部屋に駆け込んでいく。やっぱり親がいいのだ。「還る家」があって良かった、と思う。

親がいくらわが子に「愛していた」と言っても、「愛されていた」と思うか思わないかを決めるのは子どもだ。その決め手の一つが、親が「無償の手間」をかけてくれたかどうかではないだろうか。そして、そのささやかな思い出が、今の自分の「いのち」や日々の行動を支えることになるのである。

子どもは親に手を焼かせて成長するものだ。妊娠中までさかのぼれば、親からの手間を受けていない子はいない。だからこそ、親や周りの大人は、生きる基本の衣食住を通じた親子の手間のかけ合いを大切にして、子どもの心に刻み込むように語ってほしい。

私は雨に降られて着ている服がぬれ、誰もいない自宅の軒先で仕事から帰る母を待っていた、幼い頃を思い出す。母は「待たせたな」とわびるように私の元に駆け寄り、顔や腕をタオルで拭いてくれた。このような、小学校の頃から繰り返し聞かされてきた母の「刷り込み」話を後生大事にしている。少し脚色しても構わない。親から子への「無償の手間」を言葉で伝えてみませんか。

子どもを傷つける親の一言

忙しくても一呼吸置く

両親の過去の発言を根に持っている男性(39)がいる。妻子には話したことはない。「そんなささいなことを根に持って」と言われそうだからである。

男性には1人暮らしの無職の弟(35)がいる。両親からの仕送りを受けているため、ほとんど家の中で生活している。弟には経済的な自立の意欲がない。男性は弟の将来が心配になり、私のところへ相談に訪れた。

面接で男性は、「兄弟の仲はいいと思います。忙しい両親だったので、いつも弟と2人で相談してきたからです」と言った。情愛に満ちた親子関係を期待できず、緊張感と愛情欲求を持って思春期を育ってきた印象を受けた。

男性は「両親が事務的に話しているとき、弟や私が話し掛けると『うるさい。子どもは邪魔だ』と言っていた」と当時を振り返る。そのことを根に持っている弟は先日、アパートを訪れた両親に「親は金を出せ、他は邪魔」と突き返したようだ。男性も両親の言葉を根に持っているが、そのことを言い出すことはできない。当時のことを覚えていないような両親なので、激しい言い合いになるかもしれないからだ。

しかし男性は、根に持っていることを両親に言わなければ、ともに寂しさを乗り越えた兄弟の信頼関係を維持することができないと感じている。男性が弟の味方にならなければ、自立の道も絶たれるのではないかという心配もある。

私は男性にこう言った。「子どもは親に特別な思い入れを持っています。自分たちは親にとっていらない存在だったのかと思うと、その言葉を根に持つでしょう。それに対して何も言えないあなたと違い、反抗して言い切った弟に一歩先んじられた気持ちでしょうか」

男性は納得するようにうなずいて言う。「私は両親が高齢になり困って頼ってきたときに、『邪魔者』と言ってやろうと思ってきました。でも弟は元気な親に『邪魔』と言えました。よほど私より自立していますね」。男性は弟の精神的な自立を確信し、経済的な自立にもつながることを期待している。

親は忙しいと、子どもに傷つけるような言葉を言ってしまいがちだ。子どもは心に余裕がなくなると、その言葉を思い出し、根に持つようになる。思わず「うざい」「邪魔だ」と言いたくなるときは、一呼吸置いて、子どもの言葉に耳を傾けてはいかがだろうか。

家族関係に疲れたら

距離置き「一休み」も必要

節目となる時期を迎え、同じ屋根の下で暮らす家族同士が確執を抱えたまま、別々に離れて生活を始めることがある。互いに顔を合わせる緊張感からは解放されるが、不仲や争いのもとが解決されたわけではない。腫れ物に触るように穏便に済ませていた関係ほど、心のどこかにもやもやしたものが残ったりする。それは、確執の解決を先送りしたままで良かったのかという葛藤や、今後の付き合い方の迷いである。

3月に高校を卒業したA子さんは、都内の大学に通うために、アパートを母親と探して決めた。あとは引っ越しするだけだ。

3人姉妹の次女のA子さんは、高卒で会社員になった長女と折り合いが良くなかった。大学進学を目指していた長女は、家庭の経済的な事情を考えて就職したが、次女のA子さんは勉強もせずに勝手気ままな高校生活を過ごした上で大学進学を希望したからである。

父親は長女の気持ちを察して、もっと勉強するようにA子さんを叱ってきた。一方で母親は、中学時代に2年間の不登校経験があるA子さんをかばい、大学生活を通じて自信を付けてほしいと考えていた。

家庭内の不仲が深刻になりそうになったため、母親と長女が私のところへ相談に訪れた。ここ1カ月ほど、A子さんが母親に「私がいなくなれば家族4人で仲良くなれるでしょ。この家にとって私は目障りだし、姉や父に話し掛けられると、何をするか分からないほどいら立つ」と言っていたからだ。

母親は「引っ越しの日が決まると、夫は気が楽になったのか、長女や私によく話してきます」と言う。長女は、A子さんの大学進学に「正直ほっとする面もある。ただ私は、受験勉強もしないで進学するA子に『それでいいの』という疑問はあった。でも、自信が付くのならという思いもある。気持ちが分かり合えないまま別れたら、これからもずっと口も聞けない姉妹になってしまうかもしれない」と複雑な心境を語ってくれた。

相談の最後、家庭の中で唯一A子さんと話せる母親が「しばらくしてA子の生活に余裕ができたら、少しずつその気持ちを話してみるね」と長女に言った。家族関係は一生涯の付き合いという面がある。だから距離を置いて、一休みする時も必要だ。何月何日と前もっては決められないが、環境の変化で人の見方や関係は変わっていくものだ。

関係を深める対話

「結論を先に言え」という夫

「対話」することに緊張を感じる生活の中で、それを避けているうちに対話のできない家族になってしまった──。そんな家庭の母親が、相談に訪れた。

対話は「おはよう」や「おやすみ」といったあいさつ、連絡ごとを伝える会話や取り留めの無い雑談とは違う。話す相手が対《つい》の関係として特定されている。そして、どちらかが一方的に話すのではなく、互いに話しては聞き、聞いては話すというやりとりを重ねる。さらに話すテーマはある程度決まっていて、共有できるものだ。家庭なので、会社でする会議や議論とも異なる。

相談に来た母親は、問題のない〝いい子〟だった中学1年の娘が、入学後数日で不登校になったと言う。

「夫は言いたいことだけをペラペラと一方的にしゃべって対話になりません。娘の気持ちを私なりに話そうとすると『つまり何が言いたいんだ。結論を先に言え』と自分の考えを押しつけるのです。これまでもそんな言い方をしてきた夫ですが、別に話し込むような深刻な問題もなかったので、性格だと流していたのです」。

母親は対話することで関係は深まるが、結論有りで自分の考えに固執する夫との関係にその必要性はないと感じていたようだ。

娘は、母親の前では多弁だが、父親に対しては言葉を選びながら一言、二言話す程度らしい。対話しつつ自分の胸の内を話すことが苦手なようだ。そして母親は、娘や夫の一方的な話を「聞くだけ」でいれば平和で穏やかな家庭を維持できたので、対立するかもしれない対話を避けて黙って耐えてきたのである。

「対面して肉声で対話する」行為そのものが、丸ごと課題と向き合える存在であることの確認につながる。だから電子メールは対話ではなく、情報交換でしかない。会話や議論とは違って、互いの気持ちを察し、切り離せない対の関係を意識して話すことは、手間がかかり効率的ではないかもしれない。それでも家族間では欠かせないものだ。

母親は私との面接を終えると「聞きすぎないように、話しすぎないように娘と対話する努力をしてみます」と自分自身に言い聞かせるように話した。対話を重ねる必要性に気づいたようだ。

中には、対話は大切と言いながら、ディベート（討論）するような子育てになっている家庭もあるのではないだろうか。対話に勝ち負けはない。対話を重ねることで、割り切れない問題も解消できる日が来ることを、子どもたちに伝えたい。

父の日を前に

不器用だった父との思い出

私は再婚同士の両親から生まれた。異母兄弟はいるが年齢も離れ一緒に暮らした記憶も薄いので〝一人っ子〟として育ってきた思いが強い。私の世代では特別な事ではないが暮らしは貧しく、けんかの絶えない父と母だった。ただきょうだいのいない私は、2人の言動を読み、事が起こらないように神経をすり減らして振る舞う毎日であった。

私は梅雨時のような季節の変わり目になると持病のぜんそくになる。発作が始まると、さすがに私に気を使って夫婦げんかを控えてくれた。ぜいぜいと息苦しい身でありながら、心は少し安らぐ瞬間でもあった。

夜中に発作が起きると、母は夜通し私の背中をさすり、たんを誘い出すために砂糖湯を飲ませて、診療所が開く翌朝まで一緒に待ってくれた。万策尽きて受け付け開始時間を待てないときは、小屋から自転車を引っ張り出し、私を荷台に乗せて医師の自宅に駆け込んでくれた。この光景は今もまぶたに焼き付いており、私の原風景である。対して父は、私や母にいたわりの言葉を掛けるわけでもなく、好きなたばこを吹かして、医師宅から帰ってくる私たち2人の朝食の準備もせず、ただ待っているような「怖い人」だった。

私は中学を卒業すると、父を見限り、母を置き去りにして、離れた地に就職した。ただ、この時、軽自動車に寝具を積み込んで寮まで運んでくれた不器用な「怖い人」の父との沈黙の時間は、今となれば忘れ難い思い出である。

10年後。結婚して2人の子どもを授かった共働き夫婦の私たちは、両親を故郷から呼び寄せて同居生活を始めた。老後の世話と子育ての「ギブ・アンド・テイク」の関係だ。私との関係はうまくいかなかった父だが、子育ては協力してくれた。母は小さな庭でせっせと野菜を育て、「死にみやげ」と言いながらキュウリやナスを食卓に並べてくれた。すると、不思議にも私は両親のけんかにびくびくしなくなり、むしろ「夫婦げんかは犬も食わぬ」という感覚で受け止められるようになっていた。

父が浄土に還《かえ》り、晩年を迎えた母がこぼした。「あんな亭主でも縁がなかったら、おまえ（私）にもお母さん（嫁）にも孫にも出会えなかった」と。父がいて、母がいて、はじめて私がいることを感じた。そして今は、ぜんそくの私にはちみつレモンを差し出してくれる妻を見る子や孫がいる。

6月の第3日曜日は父の日である。家族から感謝してもらえるような父親になっているだろうか。いや、至らない自分だが父親にならせていただいた感謝を子に吐露する日としたいものである。

「好きなことを仕事に」という考え

「夢探し」さまよう若者も

思いついたようにカウンセリングを受けにくる30代の男性がいる。彼はシステムエンジニアとして会社組織で働いていた頃は趣味程度とわきまえていた音楽を、退職とともに本業にしたいと「夢探し」を始めた。

彼は音響に自分の才能を感じていたものの、大学卒業後にその分野とは離れた会社に就職した。将来的な結婚や子育てを考えると「趣味では食っていけない」と悟ったからだ。入社後は高給に見合った成績を上げていたが、激務から精神的な疲労を抱え、離職し再就職もしたが社会人としての暮らし方に行き詰まった。そして本業で身に付けたキャリアは、他社では即戦力にはならず、鬱々《うつうつ》とした引きこもり生活を余儀なくされた。

それまでは趣味に手を出す時間はなかったが、一念発起して、一度は諦めた音響の道に進もうと知り合いを頼り始めた。しかし、創造的な世界の趣味を本業にするには、かなり感性が乏しくなっていたようだ。

彼は「仕事で眠らせていた趣味の感性を取り戻したい。そのために学校にも通って学び直したい」と学費援助等を両親にせがむこともあった。母親は「息子は趣味で終わらせたくないのでしょう。病気、退職、引きこもりの苦しみを乗り越えてやっと手にできた心からやりたい仕事です。たった一度の人生。かなえてあげたいのですが」と胸の内を話す。父親も苦渋に満ちた表情で「私も妻と同じ気持ちです。息子は親を頼った。そして頼られた親が（援助）できなければ、できる人を親の私たちが探せばいいとも思うのですが、親ばかのような気もして…」と言う。

「キャリア教育」が重視されて久しい学校現場などでは、「自分の好きなこと、やりたいことを仕事にしよう」と勧められるが、まず何よりも自立した生活を送れるかという視点が欠かせない。私なりに思う自立とは人と多様につながりをもって生活の現実検討をしていくことである。このところ大学卒業後も、「自分の納得する仕事がない」と嘆いて定職に就かない若者が増えている点も大きな課題である。

私は彼に「自分が得意なものは『切り札』として2番目に取っておいて、現実的に食べていける職に就いた方が良い」と助言した。彼は「本業とは別に力のある趣味を隠し持って仕事に就く。その余裕が、趣味を本業にする可能性を生み出す。かっこいいです。そう思うと仕事は何でもいい気がします」と答えてくれた。

彼はその後、派遣社員を選択しゆとりある生活を心がけ音楽関係の仕事を希望しているようだ。

ただ派遣先の介護施設でケアにふれて「これも自分に合っている」と気移りしているらしい。めぐりあった仕事をとりあえず足場にして好きな〝趣味〟でキャリアを積み気移りを楽しんでいる彼は「自立」した人生を歩んでいる。

面前DVによる心理的虐待

心を冷たくする子ども

増え続ける児童虐待の中で目立つのが「面前DV（ドメスティック・バイオレンス）」だと言われている。子どもの前で配偶者らに暴力を振るったり、罵倒したりするDVで、「心理的虐待」の6割を超えているそうだ。

私が子育てをしていた30年以上前には、同居する両親から「どんなことがあっても子どもの前で殴る蹴るの夫婦げんかをしてはいけない。子どもが親を信じられなくなる」と子育てのルールを教えられた。ただ、その両親も親子3人暮らしの私の面前で、父親が母親に対してDVをしていた。すると隣近所のおじさんやおばさんが危機介入して、「夫婦げんかは口げんかくらいでやめておきな」と私の面前で両親をたしなめたものである。

私は両親の醜態を恥ずかしく思いつつ、隣近所とのつながりを強くし、自ら救いを求められるようになった。祖父と呼ばれる年齢になっても、まめに仲裁に入ってくれた地域の人の名前を「大工の○○さん」と当時の状況とともに思い出せる。

親子3人暮らしを密室化させない環境。キレても地域の人の力を借りて、ぎりぎりのところで親としての品性を保ってくれた両親。だからこそ、面前ＤＶが私の心理的成長にとって妨げにはならなかったように今思う。まっ、今が良ければ過去も良しの話だが…。

一方、子どもの引きこもりや不登校が長期化しているという最近の相談の中から浮かび上がってくる面前ＤＶには、私の時代とは違う子育て環境もありそうだ。

キレて怒るＤＶの誘因が、必ずしも経済的貧困からくるものだけではない。生活力は十分で社会的な地位もある親が、「わがまま」を押し通そうとして自己中心的な関係の取り方になっているのだ。そして、配偶者への「言いっ放し、殴りっ放し、やりっ放し」で、「子はかすがい」をおもんばかる仲直りへの意識がほとんどないのである。

生活力が十分で、他者の援助を必要としない自己完結型のライフスタイルを築いているため、ときにその親の言動は横暴である。外の風の入らない家庭は子どもにとって閉塞《へいそく》的だ。そして子はＤＶを面前にして心を冷たくし、親とは無関係な自分であろうと思春期を生き抜いているのである。

「キレる前に気づいてよ」。かけがえのない存在であり、人格形成の真っただ中にいる子が、２人の前で葛藤しているのだ。他者のかかわりも得ながら、優先して子どもの悲痛に気づきたいものである。それが子育てのルールであることにも。

スマホ時代の子育て

目を見てしゃべるかかわりも

同居している男児の幼ない孫たちは、テレビやゲームにかじりつく毎日だ。娘は「家事で忙しいときはテレビやゲームに助けられるのよ。目や耳に悪いとは思うけれど、これからの子どもはネットだし」とつぶやく。

娘がテレビを消し、ゲームを取り上げると、孫たちは悲鳴を上げる。娘の「ご飯を食べてから見ようよ」という強い口調に、次男は「シャケご飯」、長男は「ゴマ塩ご飯」と訴える。それぞれ希望がかなうと心は満たされ、落ち着く。それからは母親の目を見ながら何かを一生懸命にしゃべっている。空想的なテレビやゲームが母親と子どもの関係を遮る状態は、終わった。

スマホがなかった私の子育て時代を振り返ってみると、命や生の実感は空想の中では獲得できない。親と子の直接の触れ合いがあってこそである。

幼稚園のママ友の子育て事情を娘から聞く。毎日、起床から就寝まで怒り続けている自分が悲しくなり、叱ることさえ「面倒くさい」という感覚になるそうだ。そんな「叱ることから一休みしたい」と思ったときに、スマホに頼ることもある。「鬼から電話」というスマホのアプリがある。スマホに鬼から架空の電話がかかってきて、「起きているのは誰だ」などと鬼が子どもを叱る。効果はあるそうだが、度重なると怖さに慣れて、現実でないことを悟ることもあるようだ。

ふと娘たちが幼かった頃を思い出す。朝、妻が洗濯物を干しているとき、娘たちはＴＶ番組にくぎ付けだった。妻は番組に助けられたと感謝していた。いつの時代も子育てに嘆きはつきものだが、それも親子のかかわりの一つ、と思えたりした。

ただ、幼子が親を呼んでも、スマホを見たままで振り向くことさえ忘れているとしたら、どんな心の子どもが育つのか。ネットでしか本音を言えない若者と出会うたび、そのことが気に掛かる。

不登校の原因探し

気がかりで「監視」状態に

相談に来た母親は「中学校1年の息子は年が明けても不登校のままで、もう5カ月になる」と打ち明けた。当初は子育ての方法を振り返ったが、思い当たる節はなく、息子も不登校の理由を話さないという。

どこに原因があるか考えているうちに、母と子の緊張関係になっていく。日中、家にいることが多い母親に対し、仕事で帰宅が遅い父親は「こんな時期もあるさ」と寛大である。そんな父親の態度を見ているうちに、母親は息子への不安や愚痴を父親に話す気が起きなくなっている。

母親が改めて相談に訪れ、私に胸の内を語り始めた。

「息子の不登校がきっかけで、私は自分の生い立ちと向き合うようになりました。もし不登校がすぐに解決していたら考えていなかったと思います。私は私のために思い切って相談に来ました」

母親はゆっくりと過去を思い出すかのように話す。

「私は幼い頃から険悪な両親の下で育ちました。一人っ子で助け合うきょうだいもいません。母も父も自分のことで頭がいっぱいで、私が話し掛けても『うるさい』といった感じでした。小学校6年の時に両親は別居し、私は母と2人暮らしとなりました」

母親は笑うことのないまま成人したという。結婚前、父親は母親と同じ職場で働いており、彼女の暗い表情が気になって1人でいるときは必ず声を掛けた。両親からそうした体験を受けたことのない彼女は、自身の生い立ちを彼に話すと、彼も寂しい子ども時代を送っていたことが分かった。

そうした境遇から、2人は「笑い合える家庭をつくろう」と結婚の時に誓った。このためかつらいことや悲しいことに敏感になりがちで、特に母親は「笑ってくれる子」を育てようとしたそうだ。そして、息子の表情が常に気にかかり、「監視状態」になっていたことに気づかなかった。彼女の心の底に「両親に声を掛けてほしかった」との思いが眠っていたことが大きな原因であった。

相談後、母親は、息子の不機嫌な顔は母親が嫌いなわけではないことを受け入れた。息子は「お母さん、急にじろじろ見なくなったね」と話すようになったそうだ。今も不登校の原因は語らぬままだが、笑顔で声を掛けてきた息子に、母親も自然と笑みがこぼれるという。連続する緊張の日々にあって互いに笑みが交わされれば必死の原因探しもあまり意味をもたなくなり悩みも解消されていたりする。

思春期の自慰行為

他者への配慮や人間関係を学ぶ

男女とも思春期の子どもたちにとって、マスターベーション（自慰行為）は特別な事柄ではないかもしれないが、家族や友達と語り合い、分かち合い、相談したりするものではなさそうだ。私自身にもそのような思い出はない。「みんなしているだろう」として暗黙の了解事項になっているのではないだろうか。

「害はない」「気持ちの良いもの」「寂しさを忘れられる」といった情報やうわさを何となく見たり聞いたりすると、罪悪感や恥ずかしさは薄らぐ。ただ、誰にも話せないので行為に対する不安は心のどこかに残り続け、それがその後の人格形成に良くも悪くも影響を及ぼす場合がある。

学校現場でも保健体育の授業で性教育はある。ただ、体の仕組みを学ぶことが中心で、自慰行為の目的や心に及ぼす影響について深く語られることは少ないのではないだろうか。私は、自慰行為はプライベートな「性的空間」を確保しつつ、他者への関心や思いやり、配慮といった人間関係を学ぶものであると考えている。

ある女性が私に電話で相談をしてきた。小学校高学年でたまたま体感した自慰行為が、結婚適齢期を迎える中で対人関係の悩みになっていると言う。

女性は「中学受験の忙しさや話せる友達もいない寂しさから、偶然得た快感を繰り返すようになりました。親にも話せず、罪悪感で悩むようになってやめました」と振り返る。それから、男性との恋愛を意識すると、自分自身の快感を相手に提供できないのではないかと感じ、自ら関係を終わらせた。その後、女性は他者への関心を避けて引きこもるようになったそうだ。恋愛を心と心との精神的な結び付きよりも、体と体との物理的な関係が大切だと思ってしまったからである。

自慰行為が人格形成に良い影響を与える場合もある。1つの部屋で兄弟と大学卒業まで一緒に暮らしてきた男性は「部屋に近づくときも入るときも、あえて音を立てていました。

兄弟同士、互いの性的空間に暗黙の配慮をしてきました」と、他者への思いやりを学ぶ機会になったと言う。

自慰行為に対する悩み相談があったとき、その行為に対する罪悪感を取り除くことにとどまるのなら、解消には不十分だ。悩みの本質が性的な問題だけではなく人間関係にもあることに関心を持つ必要がある。「性」の悩みは「生」につながる。

子どもにとって父とは母とは

誕生の意義を見いだす存在

輪になって幼児期の子育ての愚痴をこぼすお母さんたち。人目をはばからぬ声が、乗り合わせた電車内で聞こえてきた。

「子どもは欲しいけど、夫は要らないよね。保育料もただになるんでしょ。これからは父親なしの母子自立でいけるかも」

「でも今の子育てって面倒くさいよね。できる子の基準に合わないと、遅れているとか、発達がどうだとか」

すると、うなずいて聞いていたもう1人の母親が話を戻すように言う。

「子どもは父親がいないとできないでしょ。だったら頭のいい男性に妊娠だけ手伝ってもらえばいいってことね。こんな話を家の旦那が聞いたらどう思うかしら」

そして3人がストレス発散的に笑いながら意気投合するかのように声を合わせてひと言。

「こんなことを考えていたら、父親になってくれる人はいなくなるかも。私たち、いてくれて良かった」

人には必ず「父」がいて「母」がいる。そして「子」の誕生により自分が父や母になることを意識する。そんな親と子のつながりに思いをはせて3人の会話を聞いていると、今どきの父親の存在とは何かを考えてしまった。

「子」は、「父」という存在なしには「私」がこの世に誕生していないと知れば、それだけで父親の存在に関心を寄せる。「母親にとってどうしようもない男でも父親としては最高」と思うかもしれない。一方で、母親をいたわる父親に触れて、「父親としては好きにはなれないが、夫として母が良ければそれはそれでいい」と父親への抵抗を鎮めた少年もいる。

父性、母性といった子育てのかかわり方だけで見ると、父親だけ、母親だけでも十分に子は育つと思う。ただ、1人で厳格さと優しさを使い分ける日々に育児ストレスになるかもしれない。まして仕事に多忙だったりすると「普通」の成長や発達にとらわれて孤立感を深める可能性もある。そんな時、例えば「頼りない夫」でも、「父親」の自覚を投げ出さないで妻の子育てのストレスに付き合えば母親の心は落ち着くものだ。

仮に両親が離婚したとしても「子」の「親」としての関係を続けていれば、「子」は「父」や「母」の「頭や稼ぎの良さ」に惑わされずに、その存在に誕生の意義を見いだしていくことだろう。

「共感」力を失う「暮らしの私事化」

相手抜きに「自立」と思う感覚

「同僚同士で集まっているときに困っている人を見掛けたら、心配になって声を掛けたり、あるいは手を差し伸べる。私にはそうしたことができません。恥ずかしいとか嫌い、というわけでもないのです。妻や幼いわが子に対してもできません。そこに考えが及びません」

妻から「鈍感」もＤＶ（ドメスティック・バイオレンス）、虐待の「予備軍」だと言われている技術者の夫(40)が、神妙に語った最初のひと言だった。

「妻は私に『大人の発達障害』ではないかとも言いますが妻も母親としての子育てより自分の趣味を優先します。それに妻は片付けることができません。だから私は妻と顔を合わせると、怒りの感情が出てしまいそれが嫌で別行動をしがちです」

ただ妻への怒りの感情を解決して対話できる夫婦になりたい──という夫に私は尋ねた。

「片付けができないなら、手伝ってあげたらいいのではないですか。子育てよりも優先したい趣味があるのですね。その趣味を伸び伸びとできるようにと、妻の幸せを考えたことはありませんか」

夫は首を横に振り答える。

「手伝うとか妻の幸せを考えるという発想はありませんでした。私の母親はいろいろと私を心配してのことか、親の勉強会にも通っていたので、それも良くできた『母親業』だと思っていました」

夫は私と話しているうちに、年長児の息子とのやりとりに自ら疑問が湧いてきたようだ。

「子どもが腹を空かしていても、母親に何か考えがあるのだろうと気にせず、私は自分1人で食べていました。ぐずっていても、それを乗り越えるのは子ども自身だと思って、そのままにして自分のしたいことをしていました。妻は私に『虐待だ』と怒ります」

夫は妻に頼まれたら買い物や家事もしている。そのときの妻の喜びが今ひとつ彼には分からない。なぜなら頼まれて手足を動かすことは自分の喜びで健康になると〝納得〟しているのだ。

誰かが困っている現実を見た時、人に関心を持っていれば、多かれ少なかれ手を差し伸べたい気持ちは起こりそうなものだ。しかし、人と人との結び付きが薄れつつある現代社会で、この夫のように関係はあってもあまりの〝自己完結〟に関心が及ばずそこを相手から求められて困惑している人は珍しくないように思える。共感力が育っていないのだ。急速に進む「暮らしの私事化」がデジタル生活も含めて、困っている人に手を差し伸べることを「サービス」と理解できても、相手の痛みとして受け止められない日常をつくっているのかもしれない。

まずは人を見て「痛いだろうな」「悲しいだろうな」と自分の心にひきつけて相手の気持ちを察する「共感」があえて〝訓練〟として取り組むことが必要なほどコミュニケーション不全が日常に根を下ろしつつあるような気がする。ＤＶも虐待も「共感」をもってこその防止である。相手の働き抜きにして私たちは何一つつながる手段をもてない。この心を実感することで「共感」は育つ。

叱られたことを思い出す墓参り

生前の葛藤を超えて

お彼岸を過ごすと、この川柳を思い出す。

「叱られた恩を忘れず墓参り」

墓地が自宅の近くなので、身近に亡き父や母がいるような気分になる。老いていった両親の姿が重なると、生前の葛藤を超えて慕う思いが湧いてくる。

学校講演で子どもたちに話す時は、「叱られた」とか「墓」では少し気が重くなる表現なので、遠慮気味に紹介したりする。それでもある時、ほほ笑みながら気の利いた合いの手を入れる男子生徒がいた。

「叱られた恨みを忘れず墓参り、なら分かります」と。

きっとこの子は上手に説明できなくても、川柳の心が分かっているので、話にちょっかいを出してみたくなったのだろう。

叱られたことに腹を立てたこともあったけれど、それをばねに生きてきた。そのことを今にして振り返ると、「恨み」が「感謝」や「恩」に変わってきたりする。大人なら「思慮が足りませんでした」になり、子どもなら「気が付かなくてごめんなさい。ありがとうございます」と手を合わせたくなるだろう。でもそんな心境にたどり着いた時、親や恩師はこの世で会える人ではなかったりする。そう思うと墓参りは、亡き人を通して生きている人への感謝に気づくチャンスかもしれない。

今般も彼岸の墓参りで孫たちが墓石を腕《かいな》で抱くように拭いたり、ひしゃくで水やりをしたりする姿を見つつ、叱られた思い出を懐かしくつぶやいてしまった。

「中2の時に頭痛で『トクホン』（貼り薬）を勝手に頭に貼ったら母親に叱られたな。1枚幾らだと思っているんだ。少しは我慢しろ」と。

私は肉体労働で稼ぐ両親を思うと申し訳なくなったが、貼ってしまったものを剥がすわけにもいかずに困り果てた。

「小5の時には男子とふざけていて、相手を机の角にぶつけてけがさせた時、担任の女の先生に叱られた。代わりのきかない体にけがさせることはするな」と。

つまりは人の命は金品で賠償できないということだ。人は過ちや失敗を繰り返すが、命はかけがえのない存在。そう気づかせてくれる尊い教えである。

叱らない諭し方もあるだろうが、愚直さを見せつつ叱る親や恩師の姿に、子どもは深い愛情を感じるものだ。

つながりの確認

照れ隠し、でも本心は…

日常生活の中でつながりのある親子、夫婦、家族同士が急に思い出したかのように相手に尋ねてみたくなるときがある。

「ねぇ、お母さん、ぼくが小さかった頃はどんな子だったの」

「お父さんはお母さんのどこが好きで結婚して私が生まれたの」

突然の子どもの問い掛けに、照れ隠しで「今と同じで言うことを聞かない子だった」「別にそれほど好きでもなかったけれど成り行きだな」と思ってもいないことを言ってしまうかもしれない。でも、そのほとんどは「つながり」の確認なので、「今聞かれて気づいたけれど、いつも一緒にいて安心できる存在だったね」と感謝の言葉を掛け合いたいものである。

先日の夜、連れ合いが「家庭のフライ新時代」というTVの情報番組を熱心に見ていた。私は「本当に料理に関心のある妻《ひと》だな」と思い、急に話し掛けてしまった。

「料理とサスペンス（番組）が好きだね」

後者は私の照れ隠しである。すると連れ合いが「なるほど合点」と思うようなことを言った。

「食べてくれる家庭《ひと》がいるから作るのよ。一人ならカップラーメンで済ませてしまうわ」

胃袋でつながっているとよく言うが、「おふくろの味」的なこの一言に私はしみじみとして、「ありがとう」の感謝の一言さえ言い忘れてしまった。

ところで、子の誕生と同時に母と子で生きてきた親子がいた。少年はおとこ気というか正義感が強く、中学3年間は学校から〝出入り禁止〟のような不登校であった。新年に彼の部屋を訪問すると、親不孝をわびて名だたる神様のお札が画びょうで貼られてあったものだ。それでも、高校受験は願いが叶《かな》って合格。安堵《あんど》する母親に少年が相談室で唐突に尋ねた。

「母ちゃん、父ちゃんは死んだ、と言ったよな。じゃあ、どうして家には仏壇がないんだよ」

「死んだよ。死んだことにしたんだ」

母親は躊躇《ちゅうちょ》しつつも正直に吐露した。すると少年も母親との「つながり」を返したのだ。

「俺も探して1度会った。それで俺も母ちゃんと同じで死んだことにした。母ちゃんは（生き方が）強い人だな。俺なんか歯が立たないよ」

「アンタ1人じゃ、頼りないからね」

母親の照れ隠しを追求することなく苦笑いする少年に、迎える春を感じた。

価値観で特別扱いせずに

排除の心を持たないで

ある価値判断で「困った」子や人を選び出して、特別な関係を生み出していることはないだろうか？　もちろん「困った」状態を改善するための配慮が〝特別〟であったりする。しかし、その改善は、ある価値判断に近づけるためであり、人間の尊厳にとってよしと言えるだろうか？

自分の胸の内を弁舌爽やかに表現できない「困った」子や人からすれば、「要らぬお世話」と言いたい胸の内もあると思う。

一人一人が自然に「ごちゃごちゃ」暮らしていく、当たり前の人間関係がもろくなってきた気がする。誰でも「〇〇だから」と、特別扱いされた人間関係なんて気持ち悪くないだろうか？

虐待やいじめなどで国を挙げて法制度を整え、啓発をしているが、「子どもの心を救う」という原点を日常化する上で大事なのは、大人の人間性であり、心掛けである。私たちの価値観に「一緒に『ごちゃごちゃ』では効率が悪い」と「困った」子や人を特別扱いにして専門家に委ねる、排除の心が育っているような気もするがどうだろうか？

発達障害や特別支援学級といった言葉が、子育て中の親だけでなく、祖父母にも日常化している。新聞広告にもその筋の指導者が読みそうな書名が掲載され、ふと見ると脇に「お母さんのための」が付記されていたりする。それは親のための支援指導への予備知識の本だ。内容を見ると、当事者の親にたじたじになっている専門職員の顔すら浮かんでくる。私もその知識量にたじたじだ。

ランドセルも購入し、小学校への入学準備中の年長児の母親が、少し首をかしげて言った。

「『今度、〇〇小学校に特別支援の学級ができるんだって。うちの子も落ち着きがないから、そこに入れたらいいけれど…』。お母さん同士でこんな会話が結構自然に交わされているのです。私には重い話だけれど、軽いのです」

自治体が配布している特別支援学級のチラシには「こんなことで困っていたら、この教室に…」と書かれ、さまざまな「ごちゃごちゃ」感を抱えた子どもの状態が列挙されている。そして「適切な支援を受ければ改善」と結ばれている。「子育ては手の掛かるもの」と、母親になった娘をいたわっていた子育て論議が、不易の心としてふと懐かしく思い出される。

行政施策や子どもの人格形成を損得で価値判断することのないように心掛けたいものだ。

「魔の10連休」保護者はぐったり

家にいればゲームづけ？

大型連休（皇位継承に伴う２０１９年春の10連休）に喜びいっぱいだったご家族もいたかもしれないが、園児や小学生の子どもと日々暮らしているお母さんにとっては、〝魔の10日間〟だったようだ。

近くの運動公園を散歩していると、野球の試合を終えたわが子を迎えに来ている母親たちの立ち話が聞こえてきた。

「本当に学校ってありがたいよね。お昼（給食）も食べさせてくれるし、（子どもを）いさせてくれるんだもの。この10連休で学校に感謝の気持ちがわいてきちゃったわ。やだね、勝手な親で」

笑いつつも他の母親たちも同感のうなずきである。子どもの着替えを手にした母親が話を受けてつなぐ。

「大型連休を子どもと（一家そろって）楽しんでいられる家庭は、富裕層だけよ。うちのダンナなんか『まともに休んでいたら仕事（ＳＥ）がなくなってしまうよ』と飛び石

（連休）。この連休中、どこで子どもを遊ばせようかと、連れ出す先を毎日探しているわ。家にいれば1日ゲームづけだし…」

10連休にぐったり気味の母親たちである。そして子どもたちはグラウンドから飛び出してくると、重そうな道具やバッグを母親に遠慮なく渡す。すると「も〜」と、ため息をつきながらも互いにほほ笑みあう母親たちである。

「学校ってありがたいよね」と言えるのは、それだけ日々子どもを中心にして家事や仕事を忙しくこなしているからだ。それだけに世間が10連休に興奮しているなら、母親にも少し配慮した庶民レベルの「働き方改革」をしてほしいというところであろうか。

社会性を身につけ成長していく学齢期の子どもにとって、同一世代と同一時代を同一空間で暮らす場はとても大切だ。そしてその場がどの子にも保障された空間が地域の学校である。家族関係からいったん離れて、それぞれに異なる生活環境で育っている子ども同士が、親とは違う「せんせい」と一緒に「私のクラス・学校」を創る経験は〝ゲームづけ〟では得られない「ありがたい」ことである。

母親たちはつかの間の息抜きのぐち話から、思い通り休めない大型連休を通して、勉強だけではない学校の存在意義に気づいたようだ。

保育者と保護者

燃え尽きて「離職」を防ぐには…

「保護者の励ましの一言があったからこそ、今日まで、先生という仕事を続けてこられたんですね」

目途《めど》が立たない保育者の離職問題を語り合う中で、かつて〝お母さん保育士〟だった彼女はしみじみと忘れられない思い出を話し始めた。

娘2人が幼かった頃、5歳の長女が突然に朝、高熱を訴えた。その瞬間に脳裏をかすめたのは「行事も入っているし、勤務先の保育所を休むわけにはいかない」という仕事優先の思いだった。

すぐ実家の母親に電話し、長女の世話を依頼した上で、往復1時間半以上かかる保育所への道のりを車で飛ばしたという。ところが途中、スピード違反の検問にひっかかってしまった。警官は「そんなに、先生という立場の自分を責めなくてもいいですよ」と言ったそうだが、罪はゆるされなかった。娘や実母への後ろ髪を引かれるような思いも込み上がり、涙があふれるままの出勤になった。

いつものように園児を迎えていると、1人の母親から「先生、どうしたの、何かあった?」と言われた。経緯を話すと母親が言った。「先生、大変だったんだね。無理して出勤したんだ。私も2人の子どもを育てながら仕事を続けているから、先生の今の気持ちわかるわ…。先生、お互いに頑張ろう」と。その励まし、やさしさにまた涙があふれた。すると母親の子が突然に「ママ、先生を泣かしたらあかん!」と怒ったので、その場にいたみんなは大笑いとなった。

保育者にも家族がいる。そして保育者の家族も、保育を支えている。この関係を保護者、園児、保育者が分かち、支え、励まして育ち合っているのである。

このところ人間関係を営みとする教育、福祉現場が、マーケティング的にサービス提供化されていないだろうか。利用する子どもや保護者は「消費者」で、先生が「商品」である。この流れが加速すれば、先生も仕事に完璧を求められ過ぎて燃え尽きてしまいそうだ。また、弱い面を補い合って育ち合う魅力さえ失ってしまいそうである。

学校の保護者会への出席が激減していると巷《ちまた》で聞く。保護者も、子どもだけでなく先生への人間的な一言を〝宿題〟にして、家庭で話してみませんか。

言葉にならない中を生きて

孫ができ関係に変化

上手に話せない「不条理」を心のどこかに抱え「学校に行かない」という選択をする子どもがいる。だからその原因を親や先生から尋ねられても正確に答えようと思えば、言葉にできない、またしにくい話もある。その戸惑いは恐怖になる。

そして成人になっても恐怖で硬直した親子関係が続くことがある。ところが、時を重ねる中でにっちもさっちもいかない親子関係に別な関係が生じると、人は変わる。

ある父親は10年以上娘と話すことはなく、顔さえほとんど見ることはなかった。娘の中学生活は寡黙で意思を表さない不登校。卒業した後は父親の「上から目線」の言い方が気になり、母親としか話さなくなった。成人を意識すると1人暮らしを宣言。父親はこれを機に娘の経済的な自立を期待したが願いはかなわずにいた。そして彼女は仕事勤めの母親を頼りにし母親もその思いに応える生活となった。

それから一人で生活することにも自信のついた頃、娘に子どもが生まれた。母親には「孫」の世話を頼んでも、父親には「出入り禁止」状態を続けた。孫育てに疲労する母親を父親が車で送迎することは黙認した。

それからしばらくすると、「ばあばあ」が孫と顔を合わせることのない「じいじい」についてあやしながら「じいじいはね」とつぶやいても、娘に苛《いら》立ちが無いことに気づいた。

「じいじいは…」と自然に口にする娘。母親はほとんど耳にしたことのない「お父さん」が「じいじい」になり、娘のいたわりの言葉がこぼれたことに驚いた。

父親は自ら「じいじい」と称《とな》えれば、娘への緊張も和らぐようになっていった。娘の不登校からを思い出し父親が一言。

「私もこの10年間、不安と恐怖で寡黙になりがちでした。はっきりとは言葉にしにくい不安の中にいた娘にしつこく尋ねて恐怖を与えていたのでしょうね」

親も子も、誰にも話せない、相談できない「不条理」を抱え、寡黙で生きるしかないときがある。そして関係が変わる中で少しずつ、心を解かし、話せる範囲で遠回しに真意をつぶやいていたりする。

「じいじい」「ばあばあ」となった両親にとって今は不登校云々《うんぬん》よりも娘への子育て〝支援〟と共依存化しないことに気遣う日々である。

不安や混乱を静めるには

母と息子で欠かさぬ合掌

人には誰にも相談できないような悩みをかかえて、精神的な不安と恐怖のなかにただじっとしているしかない心境のときがある。もちろん守秘義務をもつ立場の人、相談員、カウンセラーにも親にも、親友にも相談できない。毎日、「死にたい」ほどの無力さと絶望感にさいなまれていたりする。

でも、今日も生きている。死を選んだら、自分に思いを寄せる人からのつながりを自ら絶つことになるからだ。

さて、親としてこのような精神的混乱を静める手だてを体験的に子どもに語ったことがあるだろうか。人と向きあうのが不安ならば、感情のない本に没頭したり、受け身で芸を鑑賞したりすることも生きる術である。自然にふれていると山川草木から肯定的人生が見えてくることもありそうだ。また似た悩みを抱えた先人の金言、格言を写経するかのように日記帳に綴《つづ》ることに取り組む人もいるだろう。今日やるべき仕事や家事で悩む時間を後回しにできたと喉元過ぎた苦悩を笑って話す人もいる。時の経過が問題を解決させなくても悩みを解消させていることがある。これも心強い真実である。するとと抱えてきた苦悩も「なんとかなる」との思いから生きる糧にもなりそうだ。

ある母親は、小４の一人息子を遺されて夫に先立たれた。彼女は息子の子育てを全てに優先し没頭した。先行き不透明な悩みの恐怖心を忘れていた頃、中１になった息子の不登校が始まった。数え切れないほど息子との不安なこれからを考えた彼女であろう。ただ夫の月命日の墓参りは母と子で欠かすことなくずっと続けていた。

母親は「墓参りの習慣が、２人でいても（夫と）３人という気持ちを育ててくれた」と言う。

成人した息子は在宅の身。パート勤めの母親を支えて家事の毎日である。ふとみれば朝晩、仏壇に合掌しぶつぶつ言っている息子がいるそうだ。父親の大いなるいのちの働きを信じて精神的不安を静めているのだろうか。それは母親も無言のなかでずっと続けてきたことでもあった。

「両立」のプレッシャー

ワーク・ライフ・バランス 生きづらさの一因にも

権威を感じると、私たちはその価値観を〝時流〟として、容易に生活に取り入れていく。こぎれいな経営の言葉としてはやっている「ワーク・ライフ・バランス」が、親子関係で相談に訪れる人にとっては生きづらさの一因になっているようだ。仕事と私事や家庭生活を両立させ、一人一人が生きがいをもって暮らしていけるのはそれなりの「能力のある人」の話で、暮らし方まで時流に合わせることはなかった―という嘆きを聞く。

子どもにとっての仕事は「学力向上」である。地元で権威ある進学校ほど、「文武両道」を「ワーク・ライフ・バランス」的に言いかえたりすることがあるようだ。

名だたる大学の受験を目指す高2男子は担任から、励ましとは思いつつも耳を疑う「戒語」を言われた。「合格するまで君に風邪をひく余裕はない。発散するにしても成績を上げる遊び方があるだろう」。こうした圧力の中で挫折する若者もいる。ただ彼は担任と〝決別〟し、「名もなきとも言えない」大学に進学先を変更、高校中退は免れた。それから風邪をひくことも心のバランスの一つと考え直し、成果ばかりを追わない「その日暮らし」のできる、強迫的に陥らない人間を目指していった。

再雇用を断り、定年退職した女性教師が、これまでの教員・家庭生活、そして夫と息子との暮らしをふり返りつつ、その気づきを語る。

「引っ込み思案の私にとって周りからベテランと言われる年齢とともに増える仕事量をこなすのは大変でした。それに教師という立場上、家庭円満は当然で家族の問題など話す先生はいませんでした。建前は仕事も家庭も両立していてこその先生なんです」

教師はワーク・ライフ・バランスのできる「能力のある人」ゆえに、親子や住民からも一目置かれる存在になってきたのだろう。

「だから家族の陰の部分は隠して仕事で自分を鼓舞していたのです。退職して初めて息子のいろんなぐちや不安を聴くことができました。そのことで少しずつ息子の笑顔が見えてきました。そして言い合う体験もできました」

仕事と家庭のバランスが取れない歪《ゆが》みを職場でも語れる風土を取り戻したいものだ。それが、補い、助け合う人の姿であることを子どもたちに継承することになる。

れない。

異父との暮らし

孫の真意は…

幼い子にとって、家族として異父や異母と一緒に暮らしていくことは緊張感の伴うものであろう。また、異父や異母の側も「良き親」になろうと気負っていることがあるかもしれない。

大正生まれだった私の母も、5人の子どもがいる明治生まれの父と再婚し継母となった。そこでの母子関係は実子の私も絡み、様々な確執を生んで母の葬儀をもって解消した。私にとって異母兄弟の心中を察するには時間がいった。母に「ババア」と抵抗した兄もいれば、母の「いい子」として振る舞い、かわいがられた兄もいた。そんな兄たちと母の痛みに、父親と私はただ傍観するしかなかった気もする。

異父や同居する男性による子どもへの虐待やＤＶへの恐怖もあって、傍観することで何かを守っている母親の姿勢が報道されたりする。そんな影響もあってか、近隣に住む女性が小３女児の孫を伴って相談に訪れた。きっかけは孫の登校渋りである。

この孫は女性の娘と異父との３人暮らし。娘夫婦は孫の同意も得て３年前に結婚した。

孫の不登校を父親への不満と〝詮索〟した女性は、孫から「細かく何度も質問する。話を聞いてくれない。怒るばかりで褒めない」父親の厳しさを耳にした。母親は優しさあっての父親の箴言《しんげん》であり、孫もなついていると女性の心配を取り合わなかった。そこで娘夫婦に内緒で孫を連れて相談に来たのだ。

相談中、寡黙だった孫が父親への不満を言い続ける女性にぼそっと言った。

「おばあちゃんはお父さんが嫌いだから」

「好きなの？」

女性が孫に尋ねる。すると呻吟《しんぎん》の一言。

「好きじゃないけど嫌いじゃない」

女性が慌てて尋ねる。

「それならなぜ学校に行かないの。お父さんが違うから…」

孫は目元に涙をためて言う。

「好きじゃないけど嫌いじゃないの。私、がんばっているの…、おばあちゃん」

この受け止め方は読者に任せたいところだが、「異父」がいることへの戸惑いをひそかに感じつつも、異父が「父親」になろうと努力している日々を認めているのである。幼いなりに心のバランスを見極めて暮らしていることを、誰よりも「心の居場所」である女性に分かってほしかったのではないだろうか。

介護士の悩み「寄り添うケア」とは

指導ではなく互助の関係

高齢者介護に携わる人たちが遠近各地から集う会に、学び交流する機会をいただいた。対人援助職としては同種でも、介護は門外漢の私である。1泊2日、手当たり次第と言っては失礼だが「ケアする人のケア」についての葛藤を尋ね回り、分かち合った。

すると教職・看護・保育者も含め援助職の方がよく口にする「寄り添う」ことへの自問自答がそれぞれにつぶやかれた。

「毎日、あわただしく食事、排せつ、入浴介助の繰り返しです。利用者さんのこれまでの人生や生活を大切にケアしたいと思って介護士になりましたが、現場は、〝稼働率〟

云々《うんぬん》で、回想するなどの遊びのケアはぜいたくと思われがちです。これで本当に寄り添うケアなのかと考えると疲れてしまいます」

ところが、この若手女性介護士の話に70歳近いベテランの〝時給〟介護士は同感しつつ、その躊躇《ちゅうちょ》の乗り切り方を豊富な経験からきっぱりと言う。

「まっ、この施設は今はここまでと割り切って働き、少しずつ自分なりの大切にしたいケアを周りにも『できるんだよ』と見せていくことよ。燃え尽きたら大切な利用者と会えないからね。私もそうだけど、この研修会にそれも自費で参加しているだけでも利用者さんのいのちの介護に寄り添っていると思うことよ」

3年かけて時給を10円賃上げできたと胸張るベテラン介護士だ。施設で何年間も働き、1時間のレクリエーションタイムを、その信頼で経営者から認められたともいう。

（2019年の）即位にあたって天皇陛下も「国民に寄り添って」と〝決意表明〟された。それだけに「寄り添う」という言葉が特別な重みと清らかさを印象づけているのかもしれない。しかし寄り添っているつもりが、されていることもあるのだ。ただそこに指導性や権威性が入り込むと互助の関係が見えにくくなる。本来、ケアは互助である。

「介護士として自分は本当に利用者さんに寄り添っているのか。無力さを感じるときほど、ただ居るだけではないかと悩むのです」

若手女性介護士に私も自戒を込めてひと言。

「その無力さと向き合いつつ、傍らで今日もただ居て介助するだけ。それが1番できそうでできないことです。私も何も特別なことをしなくても居るという寄り添い方でこの仕事を乗り越えてきた気がします」

介護職の娘夫婦と同居する私である。「寄り添う」という共通の話ができそうだ。

新型コロナ　「排除」に流れていませんか

感染拡大の中で

人は1人では生きていない。万策尽きたときでも見失うことなく心によみがえってほしい感覚である。そのためには親や周りの大人こそが子どもに向けて云々《うんぬん》する前に、心の危機にあって人を排除するような言動に流れていないかを振り返る必要がありそうだ。

2020年1月に国内で初めて感染者が確認されて以来、新型コロナウイルスの感染拡大は、福島原発事故の恐怖を想起するような事態になっている。国民の負託にこたえるべき国や政府の人間も、元をただせば私たちと何ら変わらない庶民の1人。「要請」されても沈静化する見通しが立たなければ、いつまでも家に閉じこもって「不要不急」の自粛生活を続けるわけにもいかない。結局、身近な人と手をつなぎ、混沌《こんとん》とする「いま・ここ」の現実に互いが主体的に向き合い、生き延びる覚悟を子どもも大人も隔てなく関係性のなかで高めていくことが大切である。そのとき、何かを異質なものとして分け隔て、人が人を排除することの愚かさにも気づかされることであろう。人のありようからも「陽性」「陰性」と分け隔ててはいけない。陽性のつらさが陰性のこれからに生かされていくのである。今日はひとごと、明日はわがこと。この当事者的自覚こそが共存の要となるように思う。

顔の鼻からあごまで包み込んだマスクをして、20代前半の男性が久しぶりに相談室を訪れた。彼は中卒という負い目から、人の視線が気になりマスクをしての通院とカウンセリングだった。彼が落胆気味に語る。

「マスクをしないで外出できるようになったのに、コロナウイルスでまたマスクです。

マスクを外せと言っていた父が今度は着けろと強制です。『ルールを守らない人間は加害者になるんだ』といつもの変な正義感です」

「今日、電車の中でマスクをしない老人がくしゃみをしたので僕は少し離れました。僕が被害者になって老人を加害者にしてはいけないと思ったからです。でも僕は気持ちがもやもやしたので少しずつ老人の方に近づきました。僕はマスクもしているので…。老人は笑いました」

私は思わず「立派だ。排除の葛藤と向き合ったんだ」と驚嘆した。彼は「不要不急の自粛」という心の防衛的マスクを外せていたのである。「毛深い人間は大浴場に入ると他人を不快にさせるから入るな」という父親の感覚からも、これで決別できそうだ。

コロナ禍の外出自粛

人との関係を考え直す機会に

気持ち的には登校拒否、引きこもりに苦悩する親子と接していた若い頃のカウンセリングやフリースペース活動を今し方のように思い出せる。ただこのところ新型コロナウイルスの感染拡大から「高齢者」と呼ばれる身になっている自分にも気づかされる。生死への厳粛さである。明日、明後日ではなく今日を一期一会と意識し暮らしに優先順位をつけて過ごそうと思えてくる。

人生には思いもかけぬ不条理なことが起こるものだ。病院のデイケアに通っている女性から、久方ぶりに新型コロナにまつわる不条理な訴えの電話がかかってきた。「コロナで職員もマスクを着け、話しても、かまってもくれない。閉じたら行くところがない。話そうよ」と。家族や縁者との電話以外では「対面し肉声で対話」する機会が激減している私も、「さびしいね」としみじみと合いの手である。そして「さみしいけど踏ん張っているよ」と受話器を自ら降ろさせる彼女である。

人は互いにさみしさや不安を抱えながら暮らしている。そこを察する心が会得できたら

〝ちゃらんぽらん〟な行動も慎むことができそうだ。かかわりの「外部委託」を優先して、親子関係が関係としての居場所を宿せないままになっていないかも「外出自粛」を機会に考えてみたいものである。

こんなことをつらつら思案し執筆の原稿用紙に向かったとき、国の要請で突然に決まった休校で訪れた小4女児の孫に「新型コロナウイルスさんへ言ってみたいことがありますか」と尋ねてみた。すると孫は「大好きな姉弟3人で毎日遊べてさみしくない」と嬉《うれ》しそうに言った。そこで「思い付くまま書いて」と手元の原稿用紙を差し出した。

「としおりの人はたいへんです。死んでしまうこともあるからです。でもコロナウイルスさんのせいではありません。にんげんとともになかよくなれますか？」

新型コロナとの共存の一文に気を良くした祖父の私は、コロナからの返信まで孫にせがんだ。

「人げんたちにたいへんなことをしてしまった。ほんとうにすまないとおもっている。でも、ぼく、いばしょはここしかないから、にんげんとくるしみながらいきていくしかないのかな。みんな、ごめんなさい」

生きているうちに少し孫に「先祖」としてのかかわりができたように思えた今日の一期

一会だった。

「不要不急」が気づかせてくれたこと

過去の「うかつ」を素直に謝罪

仕事や当面なすべき他のことに気をもみ、子どもに対して「心ここにあらず」になって取り残していることがある。振り返り気づくと悪気はないけど「うかつでした」とその言動を素直に謝りたい心境になる。

私も新型コロナウイルス感染予防の「外出自粛」のさなかに、時間的余裕もあって同居する長女になにげなく孫の成長を妊娠までさかのぼり、子育ての苦労を尋ねた。すると思わぬことを言われて、言葉に詰まった。

「出産2日前のおなかのとき、お父さんは忙しそうに相談室にパイプ椅子を買って運んでくれと頼んだでしょ。あのときは何も言わなかったけどびっくりしたよ」

確かに記憶にあることだった。たまたま赤ちゃんがお母さんのおなかで育つ様子を絵にしたプリントを見ていたこともあり、落胆ひとしおだった。きっと勉強会の準備に気を取られて、妊婦の娘の父親として「心ここにあらず」だったのだ。私に「NO」と言わせない〝狂気〟があったのだろう。落ち込みつつも娘の何年越しの秘めたる告白に、遅きに失するとはいえ、父親であることの自覚を取り戻せた喜びも湧いてきた。

「娘の出産への不安をなんにも考えていない！　本当に悪かった」と率直に、しかも悲《ひ》愴《そう》感なくわびることができた。すると隣り合わせにいた妻が言う。

「あの頃はすべてに余裕がなく慌てるように『駅まで送ってくれ！』と授乳中のこの娘にあなたは当たり前に頼んでいたわよ」

妻は運転できず、娘に頼り切っていたことを思い出す。授乳を断たれた母子の驚きを察すると、父親であり祖父の「なんにも考えていない」わが身が情けなくなる。しみじみと「うかつでした」と口ごもる父親の私だ。きっと連れあってきた妻に対しても「心ここにあらず」の「うかつ」さがあったと思う。そして同じ過ちの繰り返しだったであろう。

関係のなかで言われて気づく「うかつ」は誰にでもありそうだ。ただ相も変わらぬ忙しさのなかで指摘されたりすると、思わず「忙しかったんだよ」と弁解し、「うかつ」さを重ねてしまいがちだ。せっかく感染予防でなじんだ〝不要不急〟の暮らし方を生かして「うかつにも気づけなくてごめんなさい」とわびる心の余裕を身に付けたいものである。

人格否定につながる言動

立ち止まり尊厳を思う

小料理店を営む母親と共に成長してきた20代の幼稚園教諭が、コロナ禍で〝困った人たち〟的に取り上げられている「夜の街」について胸の内を語ってくれた。

「夜はキャバクラで働いています。えっと思うでしょ。幼児教育者としては問題があるかもしれませんが、私なりに生きるためです」

彼女は小学生時代から現在でも、夏祭りで浴衣を着る機会が訪れると緊張する。「飲み屋の子だから…」と見られるのではないかと顔がこわばるそうだ。同僚や保護者の「着こなしがいい」とか「あだっぽい」「姐《ねえ》さん」といった冗談めいた言葉にも、「普通の女性ではない」と疎外されている感じさえ持つという。

「母は気が強くて身だしなみに厳しかったです。『水商売』と口にするその負けん気が普通のお母さんらしくなく嫌で、中学、高校の頃は荒れました。寂しい子どもの助けになりたくて保育の世界に入りました。ただ、給料が安いのに〝着道楽〟な私です。『やっぱり水商売の娘』と思うでしょ。私も思ったりするのです」

彼女は短大時代に友達の誘いで「夜の街」のアルバイトを始め、続けているそうだ。今の彼女には誰にも侵されることなく自分の存在を自分で判断していく「良心の自由」があるはずなのに、他人からではなく自らその人格を否定してしまう面があるのだ。

私にも貧しい「薪屋《まき》の子」と言われた育ちがある。存在の一部を全人格化されてしまう、さらに自分までもしていくことに人権文化の育ちにくさを感じる。

「勉強のしんどい子たち」の学習支援員を定年後にしている男性元中学校教員がつぶやく。

「私は障害を持つ子どもとお付き合いしてきたので、校長から『対象の子』と言われても偏見を持つようなことをした記憶はありませんでした。でも学習支援の中で子どもが成績をとってくれると、『やったらできるがや』とさらに成績を上げてあげたい欲を出していたことに気づきました。すると点数の上がった子が来なくなるのです。もしかしたら勉強という『存在』のごく一部を、その子の全部のように思わせていたのかもしれません」

自らの言動が相手の人格、存在の否定につながる前触れに気づいたら、黙って立ち止まり、人間の尊厳について考えられるよう歩みを変えていきたいものである。

人間の弱さに理解を

完璧にはいかない人間関係

同世代の男子学生と〝理性的〟な交際を続けていた彼女は、彼と「コロナ禍のさなか、彼の家でありえない濃厚接触をしてしまった」と相談に来た。明言こそしないが、合意とはいえ、自分たちの衝動的な行動を悔やんでいた。信頼する母親にも相談しにくい胸中をこう吐露する。

「(その後)理由なく彼が交際を断ってきました。あの時、彼の家に誰かがいたら私も彼も冷静な行動を取っていて、今も付き合っていたはずです。ずっと一緒、と言ったのは彼です。彼のいないこれからの私は…」

知性や理性を過信するあまり、自分の中にある衝動性をあなどり、後悔することはよくあることだ。ただ、その愚かさや弱さを謙虚に受け止めることが人間の成長にもなって、完璧にはいかない人間関係を融通付け、乗り切れることもある。特にデジタルな生活様式になじむ子どもには、そうしたアナログな心の育ちを置き忘れさせないことが大切だ。

さて、彼女は彼に交際を断る理由を尋ねてから関係を諦めるか決めたいと言い張る感じだった。

「ストーカーになってはまずいね。それに彼にはこれ以上、言葉にできない痛みや理由があるかもしれない。黙って関係に〝休憩〟を取るチャンスかも…。その間に変化したり…」

私のしゃれっぽい言い方に彼女が質《ただ》す。

「それって、人権侵害になるってことですか」

あいまいさに耐えられないと、いきなり理屈で人間関係を捉えようとする思考が若者に根付き始めているようだ。人は侵されたくないのに侵すふれあいをしてしまうことがある。

だから互いにまずは存在を丸ごと肯定し、その人の良しとする「良心の自由」をおもんばかることが肝要だ。ただそう心掛けてはいても、衝動性をもつ私たちには難題である。だからあえて「人権」というたがをはめて、互いの約束、あるいは契約としているのではないだろうか。

人間の愚かさや謙虚さを学ぶことに時間を取らない「人権」教育は我執になりがちだ。人権の基本は思いやりを前提にしたふれあいだ。人間の弱さへの理解である。「人生には分からないこともある」ということが分かった彼女の表情に安堵《あんど》が甦《よみがえ》った。

出会いには別れがある。長居は未練を残しがちだ。私もこのあたりでお暇《いとま》させていただこう。

あとがき

相談で思わず口にすることわざがある。

「子ども叱るな来た路《みち》じゃ、年寄笑うな往く路じゃ」

人の一生を俯瞰した子育ての名言だ。他人事《ひとごと》にならないから、親は子を叱るし、子も老いたる親の姿にやりきれなくつい嘲笑してしまう。だが、それも実に人間臭い。ただ、自分も来た路、往く路であることを思えば一瞬の「ためらい」が起こり、優しさへの気づきとなる。子に上げた手は止まり、老いへの蔑《さげす》みの笑いはいたわりのほほえみに変わる。人とは人間関係とはこうして変化していくものである。

私にとってのカウンセリングは、アドバイスや励ましから解答を導き出すようなものではない。悩みや葛藤の背景にある人間関係を傾聴しつつなぞることで、そこに「ためらう」時間を取り、事柄の多様な見方、考え方の善し悪しにとらわれることなく分かち合い、気づきを促していく営みである。

すると不思議にも問題は何も解決していないのに、心の負担は軽くなり解消していることがある。「ためらう」ひとときを共有することで、独りぼっちから解放され人と人とがつながった安堵感を得るからであろうか。

当事者の苦悩は他の誰も代わってあげられない。だがこの安堵感が、当事者にとっては物事と向きあう勇気や励ましとなるのだ。

人間にとって本当の「自立」は人と「つながる」ことである。そのためにも多忙な子育て環境のなかでも「ためらう」関係を大切に分かちあい、「せめぎあって、折り合って、お互いさま」の生活体験を、親子、家族に限らず他人とも創造していく必要がある。しあわせとは、人とつながっていくことではないだろうか。

向き合うから　傷つき
向き合うから　癒やされ
向き合うから　わかり合える

しかし孤立、孤独な身であればなおさら人とつながることは難しい。だがにっちもさっちもいかないときには、傷つくリスクを背負って誰かに甘えるしかない。

「甘える」とは素直になることである。カウンセリングの中で「甘えられない」「甘えると能力が低いと思われる」と訴える人が意外に多い。自己中心的な「わがまま」と違って「私とつながってください」と甘えるには素直になる勇気が伴う。心に鎧をつけて生きるしか術《すべ》がないときもあるが、絶望から希望を見出すには素直に甘えることが生きるうえでの命綱となる。

カウンセリングを縁として出会い、本書で書き綴ってきた人たちのなかにも、身勝手な依存ではなく素直に身近な人に「甘えられる」感性を身につけたいと願って面接やワークショップに通い、学び続けてきた人もいる。そしてかつて親の顔色を見て「いい子」を振る舞ってきた人ほどこの願望が強い。

聞けば幼いころから「お母さん」「お父さん」と無条件に親の懐《ふところ》に飛び込み、ぎゅっと抱きしめられた原風景としての「還る家」がどうしても思い出せないのである。だから、成人しても甘え方が分からず、照れ隠しに複雑な表情や難しい表現であらがうこともあるのだ。

泣いていいんだよ

甘えてもいいんだよ
照れていいんだよ
弱音を吐いていいんだよ
頑張らなくていいんだよ
そのまんまの自分で
そのまんまの自分で
いいんだよ
あなたに還る家はありますか

本書を読み直すなかで「ためらい、素直に甘える」という人とのつながりの手立てが得られたら私も嬉しい限りである。

最後に出版の労を取っていただいた信濃毎日新聞報道部の向井紀文デスク、出版部の内山郁夫部長、編集者の吉尾杏子さん（現・文化部記者）に感謝申し上げる。

本文は新聞掲載原稿に多少の加筆・修正をしている。とくに登場人物との出会いやカウンセリング場面においては、あらためて自分の声なき声の聴き方、受け止め方はどうであったかと、私なりに問い直す機会となり、言葉にする難しさを痛感した。そのうえで相談事例については真意を損なうことのない範囲で他の相談との共通点も考慮し若干の言い換え等の脚色を施している。しかしそこにはフィクションでは伝えられない多くの方の葛藤、心象がある。それだけにこれまでの出会いに感謝している。

本書が子育てや教育における関係性の創造になんらかの参考になれば幸いである。

若者による無差別な車中での悲しい事件が続き、また子どもへの性暴力も起きている。いずれにも母性性（還る家）の喪失を遠因に感じる。「共感」なきふれあいの危機が衝動性を招いているのではないだろうか。

「かあさんとよばれつづけて母になる」

子どもがいるから分かる子どもの心。子どもがいないからこそ分かる子どもの心。どっちも一緒。互いに分かちあって助けあって子育てをしたいものだ。子ども時代のなかった人はいないからである。

２０２１年11月２日　富田 富士也

著者略歴

富田　富士也（とみた・ふじや）

子ども家庭教育フォーラム代表。教育・心理カウンセラー。
相談活動を“生業”にし、30年以上にわたってカウンセリング・マインドの生活・日常・庶民化を心がけている。この間、千葉明徳短大幼児教育科客員教授、千葉大学教育学部非常勤講師、文京学院大学生涯学習センター講師を務め、相談員、教育・福祉臨床を目指す人たちと「関係性」に依拠したカウンセリングを学び合っている。著書多数。

【著者連絡先】〒271-0064 千葉県松戸市上本郷4177-2
子ども家庭教育フォーラム
電話・FAX047-365-1222

Shinmai Sensho
信毎選書　30

「還る家」はありますか
街角カウンセラーの子育て物語

2021年11月30日　初版発行

著　　者　富田富士也
発 行 所　信濃毎日新聞社
〒380-8546　長野市南県町657
電話 026-236-3377　ファクス 026-236-3096
https://shinmai-books.com
印刷製本　大日本法令印刷株式会社

©Fujiya Tomita 2021 Printed in Japan
ISBN978-4-7840-7389-4 C0337

定価はカバーに表示してあります。
乱丁・落丁本は送料弊社負担でお取り替えいたします。

本書のコピー、スキャン、デジタル化等の無断複製は著作権法上での例外を除き禁じられています。本書を代行業者等の第三者に依頼してスキャンやデジタル化することは、たとえ個人や家庭内での利用であっても著作権法上認められておりません。